COLETÂNEA PRÊMIO OFF FLIP
DE LITERATURA
[2012-2013]

Ovídio Poli Junior (Org.)

COLETÂNEA PRÊMIO OFF FLIP DE LITERATURA
[2012-2013]

1ª Edição
POD

Paraty
2013

Revisão de texto **Olga Yamashiro e Ovídio Poli Junior**
Editoração **KBR**
Capa **Selo Off Flip**

ISBN: 978-85-62705-15-1

Selo Off Flip Editora Ltda.
Caixa Postal 74901
CEP 23970-000 - Paraty - RJ
www.premio-offflip.net
www.selo.offflip.com.br
selo.offflip@gmail.com
55|24|3371-3003

KBR Editora Digital Ltda.
www.kbrdigital.com.br
atendimento@kbrdigital.com.br
55|24|2222.3491

B869.3 – Ficção e contos brasileiros

Comissão Julgadora

*

Conto

Flávio Carneiro
Marcelo Moutinho
Ovídio Poli Junior

*

Poesia

Antonio Carlos Secchin
Astrid Cabral
Chacal

Sumário

Contos

Prêmio Off Flip De Literatura 2012
Contos

1º lugar — *Algodões e ventoinhas*
Mariana Salomão Carrara (São Paulo — SP)

2º lugar — *Pelo jade daquele mar Parati*
Vanessa Maranha (Franca — SP)

3º lugar — *Tempo partido*
Julia Baranski (São Paulo - SP)

4º lugar — *Absoluto nada*
Rodrigo Lage Leite (São Paulo — SP)

Finalistas
[sem ordem de classificação]

Éden
Augusto César de Macedo Neto (São Paulo — SP)

Fóssil
Ronaldo Cagiano (São Paulo — SP)

Campo de avião
Anchieta Rocha (Viçosa — MG)

Tristesse
Iamni Reche Bezerra (Curitiba — PR)

Guerra na planície
João Paulo Vaz (Rio de Janeiro — RJ)

Nina amanhã
Maurício de Almeida (Brasília — DF)

Menção honrosa
[sem ordem de classificação]

Praga, 11 de novembro de 1919
Marcelo de Souza Pereira (Rio de Janeiro — RJ)

A solidariedade dos abalados
Maíra dos Santos Matthes da Costa (Rio de
 Janeiro — RJ)

As carpas do Tribunal
Leandro Dias Porto Batista (Brasília — DF)

Algodões e ventoinhas
Mariana Salomão Carrara

As tardes com suas manias de se arrastarem lentas na modorra de um sol improdutivo, que não cultivava nada, eu tinha a impressão de que o jardim tinha um sol diferente só pra ele, o resto do mundo tinha um sol gigante que não era o meu. Eu nunca tinha perguntado pra ninguém mas eu sabia que não era o mesmo sol, era qualquer luz emprestada, falha, provisória, acima de tudo provisória, e talvez eu tivesse receio de que um dia viessem tomá--la de mim.

A terra do jardim quase não tinha grama e eu me ocupava em esfregar os pés numa patinação poeirenta, erguendo de leve o vestido em ares de dama como se no caminho uma torrente lamacenta, a princesa firme contra a correnteza, era preciso chegar até a árvore, a grande árvore, e me agarrar a ela até que alguém me salvasse, mas geralmente não era preciso salvamento, eu ficava lá agarrada até cansar ou distrair, o braço cedendo aos poucos, horas e horas esquecida ao pé da árvore feito um fruto caído, talvez esperasse que os passarinhos viessem me bicar mas não, a árvore era a única coisa que tinha dado conta de crescer naquele simulacro de sol.

De vez em quando eu saía na rua e tentava falar com alguém, mas não havia nada a dizer, a não ser que fosse o pão, o leite, as horas, não havia nada que eu soubesse dizer a alguém, não havia uma criança, uma menina, um menino, não havia vida no meu jardim ou além dele, e eu voltava falando sozinha, porque a mim havia muito a dizer, e ao entardecer a rua ia ganhando luzinhas que falseavam com o vento, vinha um cheiro morto de peixe. Eu voltava correndo e atravessava o quintal com o sol cada vez mais encardido e entrava na casa no galope emborrachado das sapatilhas e antes que eu pudesse entrar no quarto dela uma senhora magra demais me puxava pela manga do vestido e docemente dizia que ela estava dormindo, ela estava sempre dormindo, era preciso o repouso, o repouso.

Essa senhora, lembro que era uma senhora que ajudava, durante muitos anos foi a senhora que ajudava, mas se a minha mãe não saía da cama nunca entendi quem é que pagava o salário, se havia um salário, era uma senhora de longos vestidos, longos cabelos, braços, uma senhora longa, uma voz doce mas qualquer coisa áspera na garganta, ela me chamava de menina, apenas menina, nunca o nome, quase ninguém me chamava o nome, talvez já fosse o tempo de eu ir à escola, mas não há como saber, na minha cabeça simplesmente não havia crianças em toda a cidade, como se um flautista raivoso houvesse levado todas para sempre na melodia hipnótica, apenas eu esquecida dormindo caída ao pé da arvorezinha. Eu só queria entrar um pouco, só ia dar um beijo, mas ela dizia que não, não podia incomodá-la assim.

Não entendia a doença, ninguém poderia dizer o

que era a doença e talvez eu achasse que o mundo era assim, que as pessoas adultas, as mães, viviam na escuridão dos quartos, nas suas camas quentes demais, e apenas de vez em quando se podia visitá-los, eu só queria perguntar alguma coisa, mas quando eu entrava eu não sabia o que perguntar, não havia dúvidas, porque não havia nada nesse mundo que eu soubesse. Queria perguntar se éramos pobres ou ricos, porque eu não fazia ideia, talvez não fôssemos pobres mas havia coisas estranhas na casa, não tínhamos muitos pratos, era preciso lavá-los a cada uso, não tínhamos muitas toalhas, eu me lembro disso, e, apesar do sol mequetrefe que haviam destinado ao nosso quintal, fazia muito calor, um calor abafado, confinado, e nós não tínhamos ventiladores.

Não conseguia saber desde quando aquela doença, mas de alguma forma sentia que era minha culpa, tentava minimizar o caso, abria as janelas e ela gritava, e eu fechava depressa, assustada, mas muito irritada, era preciso sarar, era preciso parar de me culpar por tudo aquilo, a essa altura já tinha olhado pela janela de muitas casas e nenhuma delas tinha uma mãe doente trancada no quarto, isso não fazia parte da história natural das famílias. Tenho a sensação de que a senhora que cuidava, porque era isso que ela era, uma senhora que cuidava, de vez em quando perdia a paciência, senão com as minhas perguntas, com o meu silêncio, e desabafava que era tudo minha culpa, e a necessidade de que tudo aquilo acabasse foi ficando extrema. Eu era um corpinho minúsculo espreitando as sombras do quarto, ao pé da cama perguntava se ela não queria ir brincar comigo lá fora, era a maneira que eu tinha de dizer que o tempo dela já tinha acabado, que eu não tinha feito nada de tão grave para um castigo tão longo, as mãos dela sempre úmidas no meu rosto, uma sensação de tumba, um carinho que eu repelia mas queria tanto e me dividia em duas meninas desesperadas para fugir e para ficar ali entre as cobertas purulentas.

Naquela manhã, uma manhã que tinha surgido insuportavelmente lenta como todas as outras, o calor era demais e os gemidos dela atravessavam as portas, a senhora que cuidava fechava todas mas eu continuava ouvindo lá do jardim. Eu ficava contente por ela fechar as portas, e o fato de haver tantas portas para fechar me fazia pensar que talvez nós fôssemos ricos, sim, talvez muito ricos, e eu ficava contente por ela se preocupar comigo e fechar as portas. Mesmo assim subi correndo as escadas e encontrei minha mãe encharcada de suor e panos úmidos, a senhora que cuidava me olhou assustadíssima e me espantou como se afasta um cachorro, depois disse que estava tudo bem, que eu devia brincar lá fora. Eu disse que minha mãe precisava de um ventilador, e nessa hora minha mãe me deu o mais sincero dos sorrisos, ficou ali deitada, a cabeça pendendo sobre o braço da senhora que cuida, sorrindo, talvez chorasse mas havia tanto suor em todo o rosto, nos cabelos longuíssimos que já estavam ficando muito finos, os olhos muito verdes, a única coisa clara reluzindo no quarto, as janelas incompreensivelmente fechadas.

Nessa manhã minha mãe tinha feridas de mais, parecia que por toda a pele vulcões em súbita atividade, algodões espalhados por todo o corpo, a senhora que cuidava cuidando desesperadamente, não havia mão para tantas compressas, os algodões em fiapos grudando no suor, no sangue, em tudo aquilo que saía dela enquanto ela me olhava com a cabeça pendendo pra trás e talvez o sorriso fosse uma acusação, eu querendo dizer que tudo já ia passar e que não era necessário tanto escândalo mas os olhinhos continuavam e a senhora que cuidava também me olhava, agora as duas estáticas, e a minha mãe me pediu, quase sem voz, que arranjasse um ventilador.

Saí pelo jardim arrastando terras, pedras, corri pelos mesmos lugares de sempre, e era como se não houvesse vizinhos, olhavam reticentes, eu tentava dizer alguma coisa mas não estava acostumada a falar com ninguém e quando eu falava dela me fechavam as portas, comecei a pensar que talvez a doença fosse suja, que a culpa não fosse minha mas que eu fosse um sórdido efeito da enfermidade, um fruto insólito da podridão, caída e esquecida embaixo da árvore. Voltei suada num cansaço pleno, naquela manhã percorri toda a rua e voltei cinco, dez anos mais velha.

Na cozinha, a geladeira perdendo seu tempo com restos que ninguém comia. A parte de trás coberta de um pó arraigado, um pó que nunca sairia de lá. Lembrei o porão e as geladeiras quebradas, as portas soltas, as engrenagens, e o fato de termos um porão com geladeiras quebradas também me fez concluir que éramos de fato ricos. Ricos.

Subi tropeçando, segurando sobre o ombro a parte de trás de uma delas, cinco ventoinhas poeirentas e o cabo da tomada arrastando no chão. Quando entrei com as ventoinhas as duas mulheres me olharam como se eu viesse montada num cavalo, como se entrasse com um rinoceronte, um javali puxado por uma coleira. Minha mãe engoliu com dificuldade qualquer coisa que estava tomando e me sorriu, chegou a apontar a tomada ao lado da cama.

A senhora que cuida ajeitou a cabeça da minha mãe no travesseiro e na minha memória ela simplesmente desapareceu do quarto, sumiu, foi buscar alguma coisa lá embaixo e não voltou, acho que não voltou nunca mais, como costumam fazer as pessoas, acho que já saiu chorando. Os algodões espalhados pela cama, puxei um chumaço e molhei na bacia ao lado da cama, fui passando devagar nas ventoinhas, uma maçaroca preta de algodão ia caindo na cama mas ela não reclamava, limpei uma por uma, o pó quase definitivo soltando em grumos. Os bracinhos doídos segurando as bordas da grade imensa, quase uma criança em cruz esfregando e assoprando ventoinhas, a ferrugem se desfazendo marrom nos algodões.

Quando liguei na tomada eu já não acreditava que fossem mesmo funcionar, por um momento foi importante que apenas estivessem limpas, mas de repente elas giraram, as cinco ventoinhas num vendaval discreto, uma extravagância que minha mãe aceitou de olhos fechados contra a brisa, nossos cata-ventos domésticos, algodões grudados bamboleantes na ventania. Fiquei ali segurando a grade com as ventoinhas e minha mãe foi fechando mais e mais os olhos, já não suava nem chorava, já não gemia, o sorriso relaxando devagar no vento, o rosto cada vez mais frio, a ponta do nariz gelada, quem sabe o vento um trenó descontrolado, feroz, despencando nas montanhas bonitas de neve.

Os algodões na cama, piquei todos, arranquei os pedaços, os algodões brancos espalhados, flutuando sobre ela, as ventoinhas e os algodões num redemoinho gelado de plumas, quem sabe fosse Natal e o quarto nevando como nos cartões. Joguei para o ar também os algodões que estavam nela, o suor com sangue voando em finas painas leves. O quarto numa tempestade lenta e macia de feltro, estofo, numa nuvem de tecido, gazes, emplastros, curativos ventilantes. O sorriso relaxando, até que não havia mais nada, apenas um corpo, curvas femininas sob a neve, no vento improvisado como o sol do jardim, no frio silencioso daquele nosso deserto.

PELO JADE DAQUELE MAR PARATI
Vanessa Maranha

Eva escorregava com alguma competência, nenhuma poesia, pela sensaboria dos dias que seguiam cinzentos como enfim eram seus cabelos de vestígios aloirados. Uma tarde de inverno, cinzenta assim em Leipzig ou as sirenes do Arbeit Macht Frei em seus ouvidos, eternas, elas, Eva olhando longe, sobre poltrona bege, os olhos de um azul desmaiado, desnorteada pela demasia desses dias, sucessões lentas. Neblina em Natal, coqueiros acabrunhados enquanto Rita abraça Antônio, vidraças embaçadas, vento retinindo. No Rio, sol em fagulhas, Júlio se tranca no banco de dados de um dos maiores jornais do país e aspira longo, dolorido, sente o pó entrar num cheiro de cravo, o travo na boca, acelerando o beat a voltagem, revivendo amortecido rápido. Mas Rita morde com raiva e gana o pescoço de Antônio, num ódio que os entrelace ainda mais; a afirmação de que abraço não significa trégua, pode ser às vezes, no máximo, hipnose, promessa rápida mentirosa. O avião rasga o céu turquesa de Brasília, aquele céu parado ausência de nuvens, o vácuo. Segue ao Norte. Gustavo tentando se segurar, mareado, inclinado num pedido de socorro à aeromoça. Escultural. Excesso de maquiagem, cabelos improváveis, mas olhos fátuos, insidiosos, doloso o conjunto olhos-boca-bunda, que era só o que Gustavo conseguia ver. Lúcia arranca um tufo de cabelos de Letícia, seis anos, com as mãos nervosas, com o corpo histérico. Lúcia mãe de Letícia, mas não. A obrigação, as vacinas, o leite, o desassossego, milhares de horas em desenhos na TV. Não. Lúcia, não. E Letícia: aquele cheiro no colo da mãe, ainda doce, apesar, Letícia chorando, cabeça dolorida, mas o cheiro, o cheiro. Da mãe. Não. Marta zunindo no carro para nunca mais. Jamais fazer o mesmo percurso novamente. Caminho que por trinta anos fizera, furtiva, ladra, nunca mais, Áureo, acabou, Marta a amante, a espera diária, dezmilnovecentosecinquentadias, contara, as pequenas coisas, as grandes também, fim desse não-casamento no que lhe parecia uma quase-separação do que em fato não ocorrera. Cansada das inverdades, das promessas rebarbativas, claro, as mesmas, o cheiro dele, o da mulher dele, entre os dois. Trinta anos, as cabras, a cobra persistente, mulher dele, a cobra chifruda, sabendo ser traída, três décadas, meu deus! E ainda lá, sempre aqui. Eu é que fui traída por ele, com a própria esposa, não? A casa de Eva um antiquário em objetos fotos níquel estanho ouro de família, iídiche. A comida do Shabat preparada de véspera, o havdalah antes do jantar, a Torah, essa vida apócrifa, a Menorah, as coisas do Pessach, a minha vida sombria sozinha, pensou. Chovia miúdo lá fora, e Eva não perdoava. De ódio, bengala, vivera muito. Regina, dentro do veleiro que, desgovernado, entranhava num espinhal de mangue, deslizando pelo jade que era aquele mar Parati, só olhava, só sentia vagamente, tutano não tinha para o tapa na cara, o chute. Sentimentos sofisticados, aqueles, quase aziagos, quase puros, contradição. Só um mês ali, com Beto, encalacrada naquele mundo de mar aberto verde, ambos se respirando mutuamente, autofagia, a proposta quase suicida de os dois só e ninguém, e nada mais. Regina e Beto. Em São Paulo, a vida andava perigosa para Vilma: parada demais. Precisava enlouquecer. Não aquela loucura mansa de todos os dias, mas uma que viesse de ímpeto, arreganhando dentes. Não a loucura do cotidiano, estabelecida e invisível, mas a das explosões, ou cadenciada nos semitons entre o branco e preto. Mudar coisas de lugar ou coisa nenhuma. Joel é o pai claro, o cabelo rente como o de um oficial da Stazi, vozeirão tonitruante, a mulher marrom, de corpo alongado, o vestido no recato de evangélica, bíblia em mãos, equilibrando-se numa falsa alegria entre o pai e o filhozinho: entre os dois sempre a contenda no ciclo interminável de provocações, permissividade vacilante, quentes surras ao final. Viscosidade. Ela, cor de tronco de árvore, carregando vocação transgeracional para suportar o insulto. Complicação de pelos escapando dos ouvidos do homem já envelhecido, mas o porte olímpico. O vinco do sorriso de lado marcando-lhe o rosto. A mulata com o cabelo crespo feito touceira, seus dentes tortos e muito brancos contrastando, a insegurança mesclada à soberba de quem subiu um pouco na vida e não vai abrir mão disso. Ora, o seu marido avermelhado, levemente atlético e espadaúdo, ora, o cercado com os filhos gêmeos, um tanto tardios, ambos de traços mais finos ainda, os dois brancos, ao lado do pai. Em Natal o sol reaparece aberto, 40°C, um sufoco, Antônio ganha a rua, floreia Rita com begônias roubadas e diz adeus até mais tarde a gente se fala volto às nove horas. Ele sabe que não voltará nunca mais. Ela não. Júlio, carioca, redação de jornal, na sua cadeira de editor geral do diário define a pauta — ele sim decidirá onde se deverá comer, o que vestir, o que ouvir, o que ler, o que pensar, no que acreditar, pelos próximos sete dias. Hálito ruim e o halls refrescando. O avião segue branco picotando o céu, Gustavo agarra a aeromoça, rijo, não. Gustavo sonha. Letícia, passos mínimos, em pequenos tropeços, leva o copo de suco de laranja, trêmula, ao quarto da mãe, como quem pede perdão sem saber do quê. Como quem pecou, quando não, só nasceu. Quando pecado é ter nascido dela, Lúcia, que ronca e chia. Quase imunda, quase ninho. Letícia não pensa isso, mas sente. O medo, só. Queria carinho do bom. E o suco de laranja entornado de tremor na camisola da mãe. Daquela mãe que não. Regina pula no mar furando a esmeralda e não jade que é a superfície das três horas da tarde. O sal na pele, olhos muito abertos, cada vez mais azul o verde lá de dentro, vendo tudo lindo tudo coral ali. Marta vai mesmo. Não sabe para onde. Não volta. Marta vai. Os gêmeos, a menina e o menino brancos como o pai. Aquele pai, Joel, o ar contido de quem guarda segredos. Tão unida, a família, com seu pai branco-avermelhado de sol, cabelo arrepiadinho, a mãe compassiva e evangélica a segui-lo em sorriso cheio de dentes. O menino tão doce, calça justa, nádegas redondas, a menina, poucos sabem, cruel mostrando língua, os traços afilados desculpando o semblante sempre fechado, afundado nos leds do seu computador de bolso. A mãe, seu sutil encurvamento. No negro de uma madrugada anônima ela teria sido flagrada em fricções com o patrão vermelho nos quartinhos dos fundos por aquela que fora então esposa dele. O ar reticente do casal denota escândalo, condenação e um presente que emerge em susto rumo a futuro incerto. O sol desfalece no horizonte perdendo a batalha contra a noite. E de dentro dessa noite emerge Beatriz exuberantemente colorida, menos de vinte, trajes fatais. Vivendo um tom acima. À espera de um velho abastado. Lea é a herdeira de pais mortos. Vez em quando Beatriz desaparece na porta do apartamento de Lea. Lea cadavérica, a pele como borracha esticada revestindo vida opaca, encharcada de anfetaminas, cocaína, uísque. De tempos em tempos, os esclarecimentos à polícia que não decifrara ainda se assassinato ou duplo suicídio: fato é que o senhor Átila e a senhora K. apresentaram doses elevadas de veneno em sua evisceração azulada, estirados na bancada de mármore para a autópsia. Retalhados pelos legistas.

Eva, avó de Lea, em cerimônia solitária, bebe vagarosamente o chá de tília, já totalmente frio.

TEMPO PARTIDO
Julia Baranski

*Tudo tem o seu tempo determinado, e há tempo
para todo o propósito debaixo do céu...*
(Eclesiastes 3:1-8)

De viés, olhavam-se.

Ao menor sinal de distração, as pupilas, aflitas, apressavam-se em alcançar o canto dos olhos, de onde, audazes, apesar do receio, espreitavam o desinteresse forjado um do outro.

De esguelha, através da porta de vidro que separava sala e cozinha, com curiosidade e espanto, ela o observava. As mãos inertes, apoiadas sobre os braços da poltrona, as pernas escancaradamente abertas, sem constrangimento, os pés descalços, espalhados, os dedos feios e curtos sobre o tapete; ela absorvia todos os detalhes daquele corpo em desmazelo, jogado contra o estofado muito macio e fundo. Olhava-o, porém não o reconhecia, perdera-se a habitualidade do encontro. Ela não dissimulava mais: fitava-o atentamente, à procura. Precisava encontrá-lo, sabia, tinha certeza de que se o olhasse com atenção, com mais vontade, com fixidez, sim, com certeza o encontraria; logo ele voltaria a ser o homem grande e viril de sua lembrança, logo a sua voz reaveria o timbre grave, aquela sua rouquidão tão singular, entre sedutora e atemorizante. Sim, se olhasse mais um pouco, se esperasse apenas mais um pouco, de súbito ele se levantaria enérgico e se ouviriam passos firmes, o peso dos pés calçados ressoando sobre o assoalho velho da casa, no corredor, de um lado a outro, incontáveis vezes, a sua necessidade imperiosa de movimento; e as mãos enormes do homem, agora moles e inúteis, recobrariam a destreza do trato, a precisão de jeito e de gesto e cingiriam todas as coisas, como se em cada palma coubesse uma porção irrestrita do mundo; e depois de todas as coisas, cingiriam unicamente a sua cintura, erguendo-a alto, até mais acima dos ombros largos dele, por detrás da cabeça grande dele, até pousar-lhe o quadril frágil, pequeno e leve sobre aqueles mesmos ombros largos, de onde ela poderia, caso inclinasse o corpo um tanto para trás e sombreasse os olhos com as mãos, admirar, sem obstáculos, o céu, limpidamente. Sim, bastava que ela tivesse paciência, bastava tão só isto. Atrás da porta de vidro, comprimindo uma pálpebra contra a outra, de testa e sobrancelhas franzidas, ela se esforçava gestualmente para descobrir indício, o resto, ao menos vestígio de bruteza, do homem que certa noite a acusara com violência, o dedo em riste, o lampejo de raiva no rosto, o cuspe, o nojo; puta, vadia, vagabunda, puta, puta, puta, o homem que a condenara à antiga culpa de toda a mulher, ainda que não houvesse pecado, mas apenas certa felicidade simples de que ele não era capaz, uma alegria leve da qual ele próprio se privava. Não, nem mesmo a violência ela podia reconhecer, nem mesmo a brutalidade, o medo, a retidão de quem sustenta, nutre e ordena. A memória a traía.

Sentado na poltrona, de soslaio, ele a fitava. A silhueta não lhe aparecia nítida, mas esfumaçada, indefinida atrás do vidro da porta; distinguia-se um borrão colorido, contornos vagos, uma nódoa, uma mancha, uma suspeita, a aposta de quem arrisca lembrar-se, de quem ousa recompor o que já não é. A mulher destoava daquela outra, a primeira, a das fotos amareladas, a da poeira e do esquecimento, encerrada nos porta-retratos e nos álbuns de família em que todos sorriem, embora os dias e os lugares sejam comuns; em que todos sorriem, sorriem, sorriem sempre, sorriem muito, sem qualquer motivo de riso, em restaurantes e praças e zoológicos, em bares, piscinas e clubes. Na memória, os dias são outros. E como os dias e os lugares e o riso, ela também se transformara, e tanto. Esta de hoje, de seios, pernas e coxas roliças, o corpo inteiro muito redondo e gordo, debaixo do braço dobras de pele sobrando, as ancas e o abdômen flácidos, sobressalentes, apertados na calça justa, esta de hoje totalmente desconhecida do homem. Perdera-se a intimidade, a cumplicidade dos primeiros tempos quando ele podia cingir-lhe, sem medo e sem pudor, a cintura magra, infantil, e dedicar-lhe a afeição mais terna e mais suave e fazer-lhe cócegas e cafuné despreocupado, enquanto ela penteava os cabelos, alisando-os várias vezes só para prolongar o prazer dos carinhos dele na sua nuca e costas. Tampouco reconhecia a mulher que antes lhe provocava os ciúmes de quem zela, de quem, sobre todas as coisas, ama. De quem, por amor, fere e agride, e ataca e cospe a saliva que quisera beijar, e bate com a intenção e a força de quem quisera tão só proteger. De quem pretendia apenas resguardar da maldade do mundo, em clausura, poder de catre e de colo, de quem só autoriza a vida debaixo de supervisão atenta, conforme reza Deus e a moral dos homens, a moral rígida dos homens, mantida por e para, exclusivamente, eles. Esta mulher de hoje não lhe despertava nada, era-lhe, pois, apenas sombra, reminiscência que não esquenta e não conforta, mas confronta; mulher fosca atrás do vidro, vulto que denuncia destroços, o estrago, o desfazimento inevitável daquilo que, uma vez, simplesmente fora certo e caro.

Ela então abriu a porta e veio se aproximando até sentar-se no sofá ao lado. Durante a trajetória, seguiram-na os olhos enviesados, tortos, do homem. Ele fingia descompromisso, ignorando a presença incômoda próxima a si; desejava imensamente ser habitual, à mentira das famílias que se sentam à volta da mesa e que pedem a manteiga, por favor, ou a travessa de arroz, e das crianças que brincam com o cachorro, e da esposa que finge prazer, e do pai que não quer, mas frequenta reuniões escolares e jantares aborrecidos com os sogros da filha mais velha. Ele a olhava, mas não diretamente; tinha medo de afrontar, com demasiada crueza, a verdade subjacente àquela farsa, o nada, a mais pungente ausência. E enquanto ele se esquivava, ela permanecia sentada, quieta e imóvel, apenas piscando e respirando, involuntariamente.

A proximidade de ambos fazia crescer o desconforto. Lado a lado, corpo a corpo, embate mudo entre o que já fora e o que hoje é. Aos poucos, a mulher, ainda que não se sentisse frágil, nem delicada, tampouco menina, começou a afundar-se no acolchoado macio do sofá e a tornar-se pequena, encolhida, o peito curvado para dentro, escondendo os seios volumosos sob o peso da corcunda, os cabelos soltos, longos, antes presos em um coque atrás da cabeça, agora lhe caíam, muito lisos, sobre as bochechas escandalosamente vermelhas de tanta maquiagem. E ela, forjando um sorriso, contorcia os lábios finos numa expressão de irônica suavidade.

E também o homem, embora desejasse permanecer frouxo e distraído, submeteu-se à rigidez do de antes, num sobre-humano esforço para lembrar-se outro. Com vagar e penosamente, reanimavam-se os músculos lassos e reaparecia o tônus das mãos e pernas, ainda que tímido e insuficiente. Desconfortável nos próprios movimentos, ele se remexia na poltrona; reacomodava-se, soerguendo-se levemente. Sim, o homem esforçava-se: no orgulho do peito, imperceptivelmente empertigado, no vigor das mãos, procurava reencontrar-se. Também nos olhos havia uma tentativa ineficaz de regresso, de retorno à retidão de antigamente, em absoluto contrária ao seu imediato impulso de abandonar-se a qualquer carícia e assumir-se fraco, covarde e cansado.

E quando, apesar de tudo, de tanto, afinal aceitaram a impossibilidade de tornar ao início, ao antes, ao indiscutivelmente desfeito, decidida, ela se levantou, embora tremesse. Despida da menina que tentara recuperar, sem pressa, a mulher ergueu-se. Ao perceber o que ocorria ao lado, também o homem desistiu do esforço, já não era preciso, poderia, ao menos uma vez, ser fiel a si, à sua velhice.

Assim, esquecidos da ironia, os lábios finos da

mulher sorriram com bondade. E, antes de abandonar a sala, ela pousou suas mãos sobre os ombros magros do homem:

— Pai.

ABSOLUTO NADA
Rodrigo Lage Leite

A Madruga estava lá. Ainda manhãzinha e a velha já se acocorava com aquele sorriso de bruxa que a ninguém enganava no seu rosto de boa senhora velha. A esquisitice incomodava aturdia inchava o susto e a incompreensão das pessoas dos velhos e conhecidos moradores da rua arruda alvim. Flores uma fileira de belos e grandiosos vasos floridos de flores do campo de flores amarelas margaridas ou rosas ou jasmins em belos vasos ornados com ramos verdes lembrando dias de festa ou surpresa de amantes apaixonados. E os vasos todos enfileirados sobre a calçada ao lado das tralhas imundas daquela velha de barba rala que parecia e podia parecer uma de nossas avós naquele sorriso de senhora boa e cordata e amável e avozinha mesmo com bolos e doces. A Madruga aparecera não faz muito tempo com seus vasos enfileirados na calçada beirando a esquina e ao lado dos vasos todos os seus pertences atrelados a uma carriola de mão que era uma nojeira uma imundície um lixo de mendiga porca e fedida sem banho e sem educação ela com aquele sorriso no rosto e aquelas flores lindas e perfumadas poderia enganar a todos a todos menos a mim e mim seríamos todos nós moradores de bem da rua arruda alvim nos recônditos de pinheiros beirando os jardins de outras flores e outras folhas e ramos e tralhas e canalhices. Foi pelas seis e meia da manhã que a dona carlota moradora do 61 saiu às espreitas para comprar pão e voltou pra dentro com a sobrancelha erguida interpelando o porteiro no movimento da Madruga de novo já ali. Quem seria? Quem era essa senhora com aqueles vasos lindos? Que esquisitice enfileirar vasos assim numa calçada! Possível e provável que dona carlota do 61 enxergasse na disposição das flores e no alvitre da dona um quê de funeral de cemitério de cerimonial de passagem que ela aos setenta e nove anos já não era sem tempo. Encontrou-se a carlota logo depois com a ermelinda da casinha verde da esquina mimosa limpinha a ermelinda e a carlota e ficaram as duas a passar para o outro lado da calçada de rabo de olho a espreitar a Madruga e as flores e a tralha de mendiga. Passavam miravam gozavam um líquido nas vaginas secas de velhas ao perceber o inusitado daquelas flores sentiam medo e um gosto que lhes arrepiavam a espinha as pernas de velhas percorrendo as peles flácidas pelancudas de velhas sozinhas mortas mimosas e limpas higienizadas diferentemente da Madruga do outro lado da rua. Passaram de um lado a outro da rua até às oito da manhã num onanismo público e comovente de velhas e flores defronte à fila de jarros. Depois não puderam mais e num medo num susto num grito carlota e ermelinda cada uma à sua casa e lá um banho de água gelada num chuveiro frio que lhes trazia de volta daquele pânico do pavor do terror daquela mulher na calçada da rua com flores com vasos e tralhas sujas em silêncio que não era ela um camelô a vender ornamentos nem sequer uma mendiga suja e porca apenas. Que era isso? Quem era essa? Que forma é essa de ficar de passar os dias? E assim a consumição foi aos poucos aos dias se espalhando na vizinhança e depois velhos também homens seu malaquias que também se impressionava do alto de sua coluna velha rija inóspita de arrogância acadêmica aposentada e passavam de cá pra lá e de lá pra cá e nada diziam e nada perguntavam à velha Madruga que não se sabe que hora saía que hora chegava apesar da butuca do plantão de velhos e velhas e homens e moradores da vizinhança da arruda alvim. E assim se ia e se comentavam hipóteses suposições teorias e boatarias sobre aquilo aquilo lá aqueles vasos meu deus que tanto assustavam os moradores da arruda alvim mais que poça de sangue de uma chacina execução sumária num beco preto e sem saída seu malaquias e seu pincenê saiu e passou e voltou e encarava Madruga que sorriu só um riso de velha boa tão boa que não podia ser e desconcertou o velho roto e porco de cu sujo e barba feita que passava com seu dedo em riste e o nariz pra cima como um tucano como um pequeno presidente da república na festinha de escola primária no estadual plínio jaime na tenra infância de sua imodéstia sob aplausos da mamãe do vovô. O velho malaquias perdeu as palavras perdeu o eixo e quase gaguejou mas travou a boca travou o maxilar de velho defeso e saiu duro quicando e logo se recompôs e na sua atitude guerreira de coronel impávido de mil novecentos e sessenta e quatro voltou resfolegou engoliu saliva seca e foi ter com aquela velha imunda e sem educação e seus vasos e suas flores lindas e perfumadas. Quanto custa este maior de margaridas? E a Madruga ficou assim olhando olhando sem entender ou sem escutar e depois se pôs a limpar a arruela do carrinho de tralhas sujas e não viu quando o velho malaquias saiu em desespero diante da não constatação de uma banca de flores de uma velha capitalista mal-sucedida. Ela não vendia. Ela não gabava. Ela não puxava o saco de velho rico que ele era. Ela limpava a arruela do seu carrinho de mão. Quem era Ela? Que eram aquelas flores? Por que e de onde para onde aquela mulher? Foi quando já não mais se aguentavam nos seus suores as velhas onanistas carlota e ermelinda e o velho narciso afogado malaquias e então veio o carro do cabo valmir que tentou primeiro uma abordagem discreta a fazer dispersar a velha Madruga da calçada limpando de dúvida limpando de horror de medo e desespero a calçada calma secularmente calma da arruda alvim e ao perceber que a velha Madruga não entendia e que a mendiga perplexa apática afásica muda e triste não compreendia a ordem não compreendia o rito a regra a norma e insubordinada e calada sem um gesto ou grito insistia em infestar o ar com o perfume nefasto e insólito daquelas flores daquelas imagens daqueles vasos enfileirados sem porquês sem motivos sem história e sem fé decidiu uma abordagem mais firme e deu algumas horas pra velha picar a mula caçar rumo cair fora limpar a área porque senão porque senão o pau come e daí a algumas horas de novo a rua vazia com olhares por persianas e olhos mágicos recolhidos em pânico e horror o horror dos moradores de bem da arruda alvim que calados escondidos trancados assistiram à patrulha do cabo valmir virar a esquina e ao ver a velha Madruga ainda apática ali ao lado da fileira de vasos a cochilar frágil um cochilo de velha doente e cansada cansada mas com olhos brilhantes saiu a distribuir chutes e pontapés a provocar explosões de vasos que arremessavam terra vermelha nos paralelepípedos da arruda alvim e flores vermelhas begônias ramos verdes e mato vivo esmagados estilhaçados sob o pé sob coturnos longos e pretos da patrulha da polícia do cabo valmir a garantir a ordem da cueca branca e cagada do velho malaquias e dos humores líquidos do orgasmo roto de carlotas e ermelindas e lourdes e marias. Pela madrugadinha o caminhão do lixo deixou a rua limpa asséptica sem vasos sem flores sem sangue sem nada sem absoluto nada a vida segue hoje às espreitas na arruda alvim.

ÉDEN

Augusto César de Macedo Neto

Meu olho quando abre ainda vê a molecada correndo no campinho da Restinga da Jararaca, o resto aplaudindo e o menino brilhando. Dito era o nome do driblador, maroto, eu pelejava pra assistir os contras, o Dito, Ditinho coriscando na grama, craque, dizia o pai, seu Eleutério, resgate da sina malfadada da família, replicava a mãe, dona Luzia, do barraco na esquina da Restinga com a Roland Garros, pra quem se prestasse a ouvir quando ele passava; lá se vai o meu menino, bença mãe, vai crescer e ser feliz, vou lavar roupa pra fora e te bendizer pros outros, de manhã escola, de tarde pregar rebite na sapataria do seu Venceslau, tardinha é campo, treinar com o time, tudo moleque maior porque o Dito é bom demais, pode jogar com eles, dá conta de driblar marmanjo; mas não tem medo do filho machucar não?; machuca nada, dei a medalhinha de São Jorge pra proteger, só com fé se foi ao longe, nasceu de sete meses, tia mais velha foi quem fez o parto, quase que o nenê caiu no balde, segurou pela canela, é por isso que não tem quem pega na carreira, quando tenta ele já saiu de esguelha, passa por debaixo de qualquer galalau, tem quem possa não, Deus abençoe, fique famoso. Esfregava a roupa no tanque dia a dia pra completar a despesa, domingo na missa agradecia o filho e pedia ao padre Ladislao pra abençoar o crioulinho, comungava jurando devoção ao Senhor; os outros dois não prestaram, um desempregou e sumiu, era visto pelos lados do Varjão falando com vidraça e espantando urubu de olho esbugalhado, foi tóxico; outro enveredou pra roubar casa, tava preso em Guarulhos, onde trabalhava o pai, argamassando prédio e carregando bloco, no entremeio virava a garrafa de café com pitu e fumegava o continental sem filtro, embicando o beiço pra cima enrodelava a fumaça, altivando o destino rivelinizava o moleque, vai salvar meu povo e o de Luzia, vou passar aqui só pra vez em quando ver os amigos, o resto é descanso que o calo já comeu a mão e eu mereço é varanda com rede, quase da mesma que ele vai encher de gol, tem quem possa não; e entre a corrida da Restinga até a Roland e de lá pra sapataria, e voltando, e vendo quando em vez uns indivíduos na frente da favela amanhecidos com jornal na cara, vinha o homem do helicóptero, fazia o misancene e depois contava no rádio, o Dito saía com o capotão debaixo do braço, era o primeiro que eu metia uma caneta; leva a medalhinha, Dito, esquece de Deus não, a mãe rocambolando a trouxa de roupa batida; o menino ria e pulava, ninguém pode com a gente, time bom, tem Nego Teba, o Gildázio, o Bisteca, o Gildo, o Jesualdo e o Batata, quero ver quem ganha; o primeiro contra foi o time da Vila Ede, lá de cima, os caras vinham de uniforme vermelho e branco com meião amarelo que eu achava nojento, tomaram vareio com ele fintando três no último minuto depois de receber um passe do Teba da bola roubada pelo Gildázio; vai Ditinho, vai Dito, vai, vai, vai, eu sufocava de longe, porque tinha vergonha, não sabia jogar e me achava requenguela porque as meninas só olhavam pra ele, foi três a um no primeiro, o moleque saiu carregado, semana que vem é o time da Vila Galvão que vai vitimar, sobra nada, não tem quem possa, a cada domingo dona Luzia prestava mais atenção no que o padre falava, e o filho celebrizando, todo mundo batendo palma, lá vai o Dito, passando pela vendinha da Lucíola, na padaria da esquina seu Maneco acenava com o lápis na orelha, Dito!, Venceslau chamava do meio dos sapatos todo transeunte, trabalha pra mim; mas eu não vou passar a vida inteira pregando rebite não, seu Venceslau; a Suzana, mais bonita da escola, quer passear hoje, Dito?; o Cristiano do açougue, Cristiano, arruma sebo pra passar na bola?, oferecendo carne mais barata, Deus lhe pague, pra Luzia ouvindo padre Ladislao contar num domingo o livro de Ezequiel 1, à margem do rio Quebar, viu uma nuvem de fogo donde saíram quatro seres viventes, cada um com quatro asas com mãos, em volta, roda dentro de roda andando sem rodar conforme se quisesse, no contorno de cada roda, um monte de olhos, cada ser com quatro rostos, de homem, de boi, de leão e de águia, e aleluia que o poder não tem tamanho e em cada rosto era o Dito que a lavadeira via, é meu anjo, é quem vai reger a obra, onde Eleutério gracejava, cada vez mais empanzinado, vai redimir nós, cês vão aplaudir, vai lá domingo, e o Vila Galvão veio, o time ganhava todas, tudo brucutu, de uniforme limpo, com centroavante de cabelo penteado que o Dito olhou pro nosso zagueiro e prometeu vou chapelar e chapelou, Eleutério jura que foi três vezes, o Vila retornou com quatro a um na cacunda, onde puseram o Dito pra passear pela Restinga aquela tarde até depois do Matão, passando pela viela do Amasso e depois voltando, o povo cantava, e Luzia se benzendo diante do missal e do padre que contou que Moisés, em Êxodo 3, subiu o Horebe pra dar de cara com a sarça ardendo sem se consumir, Deus tava nela, vai e tira meu povo do cativeiro, e quando Moisés desceu do morro, o rosto dele era do Dito, que no outro domingo esperou o time do Varjão, só maloqueiro, o craque deles tinha um olho que remelava e o goleiro uma janela na boca, a torcida sarreou mandando chutar na cara pra ver se a bola entrava, o jogo pra acabar, teimando um dois a dois xexelento, sarrafaram o Ditinho, o juiz deu penal, a molecada no barro que rodeava o campo, Dito! Dito! Dito! Dito!: ele foi pra ela, olhou a cara do enjanelado, tomou prumo com pouca distância, partiu, meteu uma paradinha e deslocou o mané, que deu nó no espinhaço, o Varjão ameaçou enjanelar o juiz, mas não deu, o Restinga tava na final, o homem do torneio prometia convidar um olheiro do Nacional pra ver o moleque no próximo.

Na semana daquele jogo, ninguém no arredor amanheceu de jornal na cara, Luzia achou que era sinal, que nem Ezequiel, conversava de noite com a vela e a estátua de São Jorge, segura o dragão, meu guerreiro, sonhava descendo a montanha com o Dito; até eu rezei naquela semana, que se Deus salvou o moleque nascido de sete é porque se arrazoava um propósito, pedia pra proteger do time de Guarulhos, inimigo temido, e mais aumentava minha vontade de ser o menino, aquilo que Eleutério anunciou, chega na Copa, tenho pra mim, cês vão ver, tragando em brasa a bagana do continental que ele cuspia e voltava a remexer com a enxada a piscina de cimento.

Domingo chegou, ele fez oração de manhã, pedido da mãe, tomou café reforçado, saiu espreguiçando ao passar pela porta, olhou pro céu iluminado de verão, arregalou quanto deu o castanho de fogo do olho e cerrou o punho direito, é hoje.

Eleutério quando deu dez, talagava na vendinha da Lucíola: dia, dona Jesuína; dia, comadre Benta; dia, Soraia; dia, dona Margarida; dia, Jandira; dia, Tonico; é hoje, hein, Eleutério!; se Deus quiser, Tonico, e olhava a carreata ir pra feira do parque Edu Chaves, como fez Luzia, com pouca compra, tencionava ir à igreja pedir a bença ao padre Ladislao antes da batalha, justo como Ezequiel e Moisés, a mulher se curvava diante da Babilônia e do Egito, tem força maior que Deus não. E o menino no barraco, hoje vou virar homem pra crescer, ficar famoso, ajudar a mãe, o pai, casar com a Suzana, ir pro Nacional, ficar rico e dali o que vier, beijando a medalhinha, amém.

Na hora chegada, quinze pras quatro, pra começar quatro em ponto, todo mundo aportou no barro em torno da grama rala: Luzia, Eleutério, Venceslau, Jesuína, Benta, Soraia, Lucíola, Margarida, Jandira, Tonico, Suzana, seu Maneco, a molecada da escola, Cristiano do açougue, até dona Beatriz, nossa professora, e eu, mirrado, atrás do gol adversário.

Nos primeiros quinze só dava Guarulhos, veio de caminhão o povo deles, vibrando, atravessaram a Fernão Dias até a Restinga naquele calor medonho, e o olho do Dito tava diferente, só dona Luzia notou, tava diferente, ele corria mais leve, quase ninguém tocava, aplainava o chão e arredondava mais a bola pra enxergar o Teba, o Gildázio, o Jesualdo, o Bisteca, o Gildo e o Batata, era daquele olho que via sem olhar, antes do passe o pé trançava a bola que nem agulha de crochê, só se sabia o que ele tinha feito quando ela chegava no destino. Ditinho inverteu posição com o Teba um monte de vezes, a zagueira-da do Guarulhos, perdida, até discutia, final do primeiro tempo tava dois já, um do Dito, outro de Jesualdo, passe dele. Luzia lacrimejava ao lado de Eleutério, que apertava o ombro dela com a mão direita em garra, olha lá mulher o homem do Nacional, de hoje não passa. No segundo tempo corria a cantoria, é festa, é festa, dois a zero lisinho, o povo se abraçando desfraldou uma bandeira, nós que fizemos na escola, VAI, DITO, RESTINGA É CAMPEÃO.

Perto do final, o dia acinzentou, encheu de nuvem corrediça e estrepitosa, do outro lado da Roland o primeiro caiu, antes traçou uma samambaia no céu, acobreando o horizonte na descida, o estrondo chacoalhou o campo; Dito nem piscava, vem, Teba, vai; faz o um dois, Jesualdo; cola nele, Gildázio; tá dormindo, Bisteca?; o segundo fez um risco de faca em cima do Jaçanã, do outro lado do campinho o povo assustou, valha-me Nossa Senhora, São Jorge, Deus Pai e todos os santos; Eleutério ralhava, deixe de besteira, mulher; o terceiro desenhou o Amazonas como vê o satélite, dona Beatriz ensinou aquela semana, desabou perto da viela do Amasso, faltavam cinco minutos e o dois a zero seguindo manso, a turba procurando abrigo, vai derramar o pé d'água; do quarto, luciferino, só vi o clarão, cataventou meu nariz e no tranco beijei o mato no pé da trave, levantei cambaleante, só gente desembestada vociferando, o Gildázio, o Teba, o Bisteca, o Jesualdo e o Batata tudo despencado, Gildo no canto do campo tremendo a perna e espumando, o Guarulhos quase todo no chão, dona Luzia nos braços de Eleutério gritando inteiro o nome do menino, a água enxurrava o bairro, mas parecia cair toda na Jararaca.

Levou mais de uma hora pra chegar a assistência, a mãe veio me buscar, em vez de pela orelha, como era o costume, me ergueu no colo, me tampou metade da cara e correu comigo pra casa, fica aí.

Sobrou a medalhinha de São Jorge, padre Ladislao retirou.

Meu olho quando abre ainda vê.

FÓSSIL
Ronaldo Cagiano

(...) basta-me este silêncio aqui de fora, o meu
silêncio,
não preciso de que me atirem pelo rosto nenhum
outro silêncio,
nem tenho um rosto para que me atirem, nem
tenho um rosto,
apenas este silêncio no lugar do rosto.
Campos de Carvalho, "A chuva imóvel"

[**L**á fora a vida passando feito uma correnteza] Antes de jogar-se na cama e do definitivo breu e mudez da noite, aquelas chagas abertas na perna, desenhando estranhos contornos na sua epiderme tão antiga quanto suas dores. A alma também é um terreno marcado pelos anos de hiato e sofrimento. Por enquanto, a vida ainda insistia, apesar dos engulhos da convivência, de cada dia o estômago digladiar-se com a tormenta de incontáveis punhais abrigados dentro de si. Há os filhos e os netos. E os almoços nos finais de semana, *é sempre a reprise do frango assado, com farofa e macarronada, como nos velhos tempos, regada* *a ki-suco*, juntando o que restou. Uma escolta de luzes ao longe sinalizava com um postergar de dias cavalgando na vasta solidão da linha do horizonte. Ela me chama de solene e frio nesses quarenta anos de matrimônio. Eu retruco: viver a dois é esse calvário, um saco furado, todo dia uma waterloo e não sabemos quem é o outro. Sei que ela se aborrecia por eu não ser uma surpresa a cada dia. Eu digo: casamento é isso mesmo. Ela emenda, com opulência na contestação: mata-se um leão por dia e não sabemos quem está do lado. A sua cota de insatisfações saindo pelas bordas. E eu: é como realizar os doze trabalhos de Hércules para me redimir da insanidade. Agora, estamos no ventre da baleia. Nínive ainda está longe. Desconheço se toda essa tormenta um dia vai passar. Enquanto isso, ao longe uma cidade brilha debaixo das estrelas. Ele comenta sobre seu dia a dia. Ela vem com outro assunto, alfinetando seu desdém: ensaiado pouco-caso. Mas eu tento despistar, olhando lá fora, pela janela, os olhos num ponto cego na escuridão, quando sou atormentado pela imagem do cão Evilásio e da gata Madellon, parelha de animais de dona Laurita e seu Gusmán (o casal galego que vende "quentinhas" nas ruas da cidade), seus bichinhos que vivem ladrando pelas ruas, entrando em nossos quintais, porém denunciam mais felicidade e harmonia do que nós. E volto para ela. E fico sabendo que a Cilene está com o Mal de Parkinson e que o Bar do Afonso vai fechar. Eu sou Jonas nesse claustro compulsório entre vísceras desconhecidas. E entre um e outro desatar de coisas sem importância, o vazio continua fazendo as honras da casa. E os ácaros se empanturram em sua festa no quarto de empregada. O ar lá fora carrega um hálito antigo de

cidade do interior nesse condomínio afastado. A fumaça do cigarro desaparece em redemoinhos, enquanto os
olhos deles estão mais distantes que seus rostos. Ele olha
para o teto arranhando a cabeceira da cama com as unhas
enquanto ela finge que não é com ela, lendo o Readers
Digest. "Hoje está um gelo." O frio passa — ele pensa. E
no abismo da inércia emocional que os separa, corre um
rio caudaloso de tanta bile e ressentimento, como essa rua
imensa que divide a cidade em duas e parece separar-nos
(e a eles) ainda mais. E o inverno é eterno como o inferno
de um matrimônio que atravessou o maio de 68, a prima-
vera de Praga, os acordes revolucionários de Woodstock,
a intentona americana na Baía dos Porcos, os assassina-
tos de Kennedy e Martin Luther King, o golpe de 64, a
renúncia de Nixon, a guerra do Vietnã, a transição con-
servadora de Tancredo-Sarney, as Copas perdidas, a violência nas favelas (tão mortais quando o pavoroso deserto
daquela casa), a queda do muro de Berlim, os assédios a/
de Mônica Lewinsky, a desastrosa era Bush, a invasão do
Iraque, o ataque aos talibãs, a ruína das torres gêmeas, o
tsunami na Ásia, a forca para Saddam Hussein, a ascen-
são de Khomeini, a queda de Kadhafi, a febre suína... e
quantas vezes a voz inquieta da dúvida entrou pela casa
vestindo de luto aqueles corações, como se trouxesse lobi-
somens do quintal. E eles nem precisaram atravessar o Le-
tes, pois há tanto corria pressuroso em suas veias o sangue
do esquecimento. A convivência no formol. A madrugada
comprida dos sonâmbulos ainda não acabou. Mas o sol,
que chega pontual e imperturbável todas as manhãs, só
alcança as feridas, com seus golpes de carnívoro silêncio.
[Dentro, *incurável monotonia*, a vida os atravessando feito

um punhal e as queimaduras no sinteco provocadas pelas guimbas atiradas nas madrugadas em que o sono não veio] {Fora, a poluição polvilhando os ares como a fuligem em suas existências, a cantilena inútil de um vento distante. Colóquio espalhafatoso de pássaros num jardim de plantas raquíticas. Azáfama de nuvens fustigadas por um sopro estranho, sob uma lua desanimada que não ilumina o idioma das rãs} Não mais o tumulto de pernas sob os lençóis. Nem a barroca melancolia de uma relação estagnada como as águas do Mar Morto. Só a ordenha do nada absoluto.

CAMPO DE AVIÃO
Anchieta Rocha

Debruçado na pia da cozinha, chupando manga ubá, ouvi o ronco do motor vindo do alto. Larguei tudo e corri pro quintal. No rumo do abacateiro ainda pude ver as letras do avião, apesar da pouca luz do fim de tarde. Achei que ia bater, acabou ganhando altura. Não entendi o que estava acontecendo. Corri pra praça onde cada um dava um palpite.

— É o noivo da Jandira dando rasante pra fazer bonito!

— O piloto perdeu a rota!

— É pane, olha ele cambaleando!

O Said, advogado formado de novo, querendo mostrar serviço, foi até o jardim e mandou os motoristas de praça subirem pro campo e clarearem a pista pro avião pousar.

Confusão igual na cidade, só com enchente, quando não tinha aula, bom pra bater perna. Quem estava gostando também era o prefeito. Avião nenhum tinha descido na cidade desde a inauguração do campo que só servia pra soltar papagaio e encontro de casal.

O Precioso, sempre trazendo uma garrafa de pinga e uma bisnaguinha de salame pros fregueses mais chegados, foi o primeiro a subir com o carro de praça.

Dentro de pouco tempo, levantando poeira, uma fileira comprida ganhava a estrada. Motocicleta, lambreta e bicicleta. Até o Coelho, se não é o soldado, subia com a Baiana puxando a carroça.

Eu não queria ficar de fora do que acontecia.

Quando abro a porta pra ganhar a rua — lanterna na mão, presente do padrinho — meu pai planta na frente e "aonde pensa que vai?".

Ficar em casa amuado, olhando aquela montoeira de gente subindo, sem nunca ter visto um avião de perto, e pior, no dia seguinte na aula, ter de escutar as histórias dos meninos, e o bobo aqui mudo, parado, invejando todo mundo sem ter nada pra contar? O pai podia me comer na correia que eu ia. Por causa de marca na perna nunca deixei de fazer o que me dava na cabeça.

Volto, finjo que vou pro quarto, fujo pela cozinha, pulo o muro, invado o quintal do vizinho, assanho as galinhas e ganho a rua.

O avião não parava de sobrevoar a cidade. Sumia e apontava na Ponte da Aldeia, rumava pro outro lado, pegava altura depois do Matadouro e vinha de novo. Voltava alto, a luzinha quase sumindo na Taquara Preta. Até na igreja era difícil segurar os fiéis na novena pra São Lourenço. Ninguém queria tirar o pé do adro sem ver aquela barulheira. "Não chega os filhos do juiz que perderam a vida num desses, faz pouco vindo do Rio?" — dizia ao padre, Licurgo, o sacristão.

A cidade toda estava lá em cima. O sargento do destacamento, já rouco, dava ordens com o auxílio do também rouco alto-falante do Zé Boi, que só servia para noticiar funeral.

Por fim, depois de muita poeira e confusão, os soldados conseguiram colocar os carros lado a lado, formando um corredor.

Não demorou e o barulho do motor aumentou. A luzinha apareceu no rumo do poente. Tão logo o último carro emparelhou com o Studebaker do grã-fino do cartório, o avião veio baixando, até que as rodas quicaram, assustando as pessoas. Depois parou de vez, perto da baratinha do coletor.

Foi uma buzineira só. Todo muito correu pra ver de perto o avião da Aero Sita.

De dentro apareceu um sujeito de bigode fino, com uma jaqueta de couro e óculos sobre o gorro de aviador.

— A cara do Marlon Brando — suspirou a moça.

O prefeito foi o primeiro a chegar perto dele pra convidar pra jantar.

Aflita, mamãe me esperava na sala. Falou que eu podia entrar que papai já estava dormindo. Curiosa do jeito que era, nem ralhou comigo. Disse que estava morrendo de fome e perguntei o que que tinha pra janta.

— Nada de comer sem lavar os pés. Vai lá enquanto eu quento.

Falava sem parar e engolia o escaldado com ovo. Contei desde o começo quando o soldado me barrou na subida, e que tive que dar uma volta grande pra ver o avião de perto, pegar nele e alisar a lataria do motor, quente ainda, porque a coisa que eu mais gostava era ir pro mato, catar pipa, ir talhando com o canivete até aparecer um Douglas ou um Constellation, cada avião que só faltava roncar.

Mamãe ficava impaciente querendo ouvir o resto da história.

— Os carros já estavam tudo um do lado do outro. Não tinha nenhum na cidade. Tão logo cheguei o avião apontou. Com muito cuidado fui engatinhando pro soldado não me ver.

Fiquei no meio dum Buick e dum Packard. Quando vi que estava baixo, quase encostando no chão, enfiei a mão no bolso, puxei a lanterna, acendi e joguei o facho de luz na pista. A minha mão tremia.

Mamãe ouviu em silêncio, os olhos fixos em mim. Tenho certeza que teve orgulho da minha aventura.

Fui pro quarto e fiquei pensando no que aconteceu. Levantei, peguei a lanterna na sala e voltei pra cama. Virei pro canto e a pus perto da parede. Apertei o botão de acender e nada do facho forte — só uma luz fraca já apagando. Eu fechava e abria o olho e via a brasinha sumindo. Ficamos assim os dois: ela fraquejando, raleando, eu piscando, insistindo em prolongar aquela noite.

TRISTESSE

Iamni Reche Bezerra

Apenas as crianças todas invadiam a casa, a chuva despencava forte lá fora, questão de dois ou três minutos depois da roupa dançar louca no varal. Ainda que chovesse toda semana, eles a recebiam com surpresa sincera. A chuva era um evento. Menino cantando pra boi dormir é história que se inventa no susto ou sonho recontado? É boi que dorme em solfejo de vento. A porta bate atrás do último calcanhar, quase resvala na pele, faz quase ferida aberta. Mas menino gosta mesmo é disso: entrar por último e encontrar a casa parecendo pequena de tanta família. Ia logo pra cozinha onde os adultos farfalhavam em um desacordo milenar, queria espiar o cheiro. Mas o plural de sol é qual mesmo, mãe? E predador de pulga, mãe, é unha? As perguntas todas borbulhando no peito, vazando pelos olhos que sozinhos eram uma pergunta maior. Quando a mãe perdia a paciência em grito que era cansaço de uma vida inteira, menino corria pra saia da Dona Militana que de tudo ela sabia, cantava forte as verdades. Lá fora a chuva insistia invadindo a tarde adentro como visita que fica pra sempre até não ter mais doce que se sirva com o café. Menino chegando junto sem se avexar nesse começo de história que era inteira bonita, do cavaleiro Sirino. E era possível mesmo ter centenas de contos tão facilmente decorados? É que na cabeça de Dona Militana não tinha classe de palavra que se isolasse, acabava tudo retido na memória das coisas vividas e tão bom era ter vestígio de diversas vidas. Mas as penas também se somavam — com o passar dos anos seu rosto adquiriu no tom gris uma aridez absoluta que evita o toque e implora: se acerque, mas nem tanto. Pranteada de dores mal suspendidas pelo sofrimento, ela continha o luto. Disso ninguém criava suspeita, menino mesmo cultivava seus próprios segredos. Neles pouco pensava, nas vezes de ouvir Dona Militana cantar era feito o cérebro ficar vazio pra entrar nova história. Voz de variar. As palavras atravessadas igual às coisas mesmo acontecendo, um pisco e já. História finda no fechar dos lábios, no ouvido mais atento à lembrança de som cantado. O silêncio mesmo nem sempre era tristeza, mas decantação de sentimento para melhor se entender de si. No *entreverso* calado ela cachimbava fundo, a fumaça toda menino tratava de respirar ligeiro no morno e gostoso do ato. E então a casa ia ficando grande de novo, as paredes bem longe e só eles ali no centro do mundo. Ia caindo no sono sem se perceber, em um estado onírico de fechar e abrir pálpebras em lânguido movimento de quase sonho sem a menor destreza no se lançar. Acontece que aqueles mesmos olhos só desejavam cerrar-se em sossego de alma, sussurro de estrela fugaz tatuado no ouvido, pedido feito sem voz, sorte no cruzar dos dedos. Menino queria ser logo adulto e vivo, que ele pequeno ninguém acreditava, nem se cantando assim bonito. Os dois livros da casa de que serviam, se menino nunca recebera escola? A poesia ele captava das coisas mesmo acontecendo sem palavra escrita, mas na forma do ato primordial. No pulo ligeiro do sapo escapando ao fungar teimoso dos cães. No corpo da cadelinha Estrela apodrecendo no fundo do quintal até que alguém a descobrisse, menino passava ao lado inteiro impressionado com o cheiro exótico de tanta vida fora do corpo, incapaz de relatar em casa. Depois foi a vez da avó. Depois foi a vez do pai. A morte parecia uma lenda que alguém de mau gosto inventara. Mas se deus mesmo era quem dava e tirava a vida dos seres, era certo denunciar seus atos? Dizer assim: a cadelinha morreu no fundo do quintal, venham todos! Vai ver tais dúvidas justificavam o inferno. De noite mal dormia, enquanto lá fora a cadelinha Estrela uivava em choro triste de lobo antigo pelo tempo justo, e a que ponto aguentaria o enfermo não fosse a morte o livrando de todo mal? Amém, dizia menino sobre o terço encardido de beijos. Mais tarde ia perceber a inconsistência toda, quando a frescura da infância se extinguindo deixava nele de igual só o sonho maior, aquele de se levar uma vida inteira. As vestes rudimentares de Dona Militana ao redor do corpo eram feito uma tenra camada de pó que se deposita com o tempo. Enquanto a sala se repreendia de canto secular, um bafo entrava pelas frestas do reboco. A chuva toda era o instante de um escaravelho atravessar a sala, as sete patas pesando sobre a felicidade que tratava de recuar ofendida, como se naturalmente estrangeira à família. Menino se pegava *ressofrendo* uma tristeza assim boba sem motivo, feito a vontade de chorar nas vezes que alguém passava por ele e fechava a porta. Olhava agora pra janela e via Sirino sorrindo de longe por ver a própria vida relembrada na rima. Os medos iam ficando talvez onde.

GUERRA NA PLANÍCIE
João Paulo Vaz

Depois de tanto tempo sem qualquer engajamento armado, até sem avistar um único soldado deles, percebemos a manobra tarde demais. Sem opor resistência aos nossos avanços — modestos, diga-se de passagem —, a tropa inimiga, dividida em duas alas, havia nos envolvido em pinça até fechar a retaguarda. Estávamos cercados.

Uma das características da guerra nesta planície é que não faz diferença em que direção se avança. Decidimos, então, atacar com o sol pelas costas, ao amanhecer, de forma a pegar o Inimigo de surpresa.

Mas eles devem ter previsto o ataque. Recuaram sem opor resistência, deslocando simultaneamente o cerco, de modo que, ao meio-dia, quarenta quilômetros adiante e depois de seis horas de avanço exaustivo em marcha acelerada, continuávamos cercados.

Nas tentativas seguintes, tão inúteis quanto a primeira, eles adotaram sempre a mesma tática de recuo da ala atacada, avanço da ala oposta e deslocamento das laterais. Não fazem um único disparo, mas nos mantêm cercados, expostos a um ataque a qualquer momento, vindo de qualquer direção. A tensão é constante.

E, como a rapidez com que se deslocam para evitar nossas investidas dá a impressão de que estão sendo avisados, é natural que a suspeita de espionagem tenha se espalhado pela tropa, aumentando ainda mais a nervosismo. Nós oficiais recebemos ordens de manter segredo até o último momento sobre qualquer plano de ataque. Reconhecíamos, assim, uma quebra da confiança no corpo da tropa, ao mesmo tempo em que o fato de não saber quando ia se dar a próxima ação deixava os soldados em constante expectativa.

É fácil imaginar que o humor da tropa não podia ser pior.

No entanto, podia. Ficou ainda pior depois que a investida seguinte também não foi capaz de surpreender o Inimigo, levantando assim a suspeita de que houvesse um traidor entre os próprios oficiais.

Conflitos internos, antes raros, vêm explodindo com assustadora frequência, para terminar muitas vezes em tiros, corte marcial e condenação à morte. O ritual de fuzilamento, que a maior parte da tropa sequer conhecia, agora é rotina. Nessas condições, sem um único tiro inimigo, vamos sendo dizimados por execuções e deserções.

Então, numa última tentativa desesperada de romper o cerco, decidimos atacar no escuro. O plano envolveu apenas o comandante, o subcomandante e eu.

Esperamos a noite de lua nova.

Foi ontem.

Avançamos em três grupamentos compactos. O comandante liderava o do centro; o subcomandante, o da direita; eu, o da esquerda.

Dessa vez, com certeza, surpreenderíamos o Inimigo. Além da escuridão total, o vento noturno, que soprava contra nós assobiando leve sobre o solo arenoso da planície, nos ajudava a avançar sem ser ouvidos.

Tateando o chão com os pés, caminhamos quase a noite inteira, as armas engatilhadas, os uniformes suados apesar do frio, os ouvidos atentos ao sussurro da brisa. Sabíamos que esta seria uma batalha diferente, talvez corpo-a-corpo. A qualquer instante, o Inimigo, há tanto tempo invisível, haveria de se materializar na escuridão com o desespero dos que lutam pela vida, e a mesma fúria que também nos tomaria. E seria a explosão do tiroteio e da gritaria, a porta do inferno escancarada, todos os diabos soltos na planície.

Tenho experiência de combate. Por mais corajoso que seja o soldado, na iminência da batalha ele é assombrado pelo fantasma da dúvida sobre sua própria coragem. Porque há sempre uma encruzilhada entre o medo e a fúria, um instante decisivo em que se enverada sem volta pela trilha do pânico ou da bravura. É quando se ouve o primeiro tiro.

Faltava pouco mais de uma hora para amanhecer quando se ouviu o primeiro tiro. Nos jogamos ao chão e abrimos fogo.

Em posições imprecisas, sem outra proteção que o escuro da noite, as formações se desfizeram. Balas passavam assobiando, granadas explodiam, chovia terra arrancada do chão. Não havia alvos visíveis. Eu atirava na direção da centelha mais recente e mudava depressa de posição. Avançava em pequenas arrancadas, sem saber quantos ainda seguiam meu comando, quantos estavam mortos ou feridos, quantos aproveitavam o caos e a escuridão para desertar.

Foi quase uma hora desse inferno até os tiros se tornarem esparsos. Perdi contato com meu grupamento. Mesmo sem saber se alguém ainda me ouvia, gritei a ordem de manter posições, a única possível.

Aos poucos, os tiros cessaram.

Agora, começa a amanhecer. Avanço com cuidado entre os corpos espalhados pela planície, vários deles de oficiais mortos pelas costas. Não encontro um único inimigo — vivo ou morto. Tornaram a bater em retirada. Ou fomos nós que, perdidos na escuridão, disparamos uns contra os outros?

Desertores fogem em todas as direções. Ordeno que voltem. Ninguém obedece, mas não tenho ânimo de atirar neles.

Nem sei se o que resta da tropa será suficiente para carregar os feridos e enterrar os mortos.

Nina amanhã

Maurício de Almeida

Numa ansiedade ouvirei a porta sendo aberta, sentirei o ar frio do corredor deste prédio e ela chegará com passos desconfiados que titubearão ao longo da sala, a bolsa pendurada no ombro irá ao chão fingindo acidente, as chaves espalhar-se-ão num estralo seco sobre a mesa, e, do sofá onde estou sentado, acompanharei essa procissão que é a chegada dela e suspirarei num misto de tédio e horror

— Nina

ao que ela me olhará de soslaio e amargarei humilhação, como se aquele olhar repreendesse também meus vexames, minhas mentiras, as barbaridades das quais me arrependo e não me desculpo, mas, ainda que devassado, fingirei indiferença numa espera, pois logo ela voltará os olhos em busca de algo que sabe não existir e poderei continuar atento aos passos dela à cozinha, a garrafa de vidro sobre a pia, um copo cheio e estou certo de que a imaginarei bebendo numa pose exagerada, um gole curto, os olhos fechados e a cabeça para trás, e me surpreenderei com ela atravessando a sala direto ao quarto para onde a seguirei em silêncio e em silêncio me sentarei na cama, as costas curvas, as mãos pendendo entre as pernas e perceberei ela tirando os sapatos, os pés pisando leves no carpete e ela se aproximará em descaso para que não me sobre tempo de fugir daquele olhar então me encarando obcecadamente e apenas direi assustado

— Nina?

porque, muito embora não tema os braços pequenos, a cintura em rebolado ou as pernas desenvoltas e confiantes do trajeto, estarei intimidado pelos joelhos de repente ao meu redor, ela montada sobre mim entreabrindo a boca junto ao meu rosto, suas mãos me segurando a nuca, varando caminhos entre meus cabelos e, puxando--os para trás, me forçarão ao teto em dor, e ela sorrirá animada antes de sua boca encontrar a minha num beijo que não é intenso, mas angustiado

(— era assim que ela beijava

direi e repetirei quando aquela cama vazia me enlouquecer numa saudade)

e de repente ela espalmará as mãos forçando distância, as unhas muito vermelhas postas em atenção como uma arma apontada para o meu peito e nesse instante toda fragilidade do meu corpo exposta, meus olhos fechados numa oração na qual pressentirei o clique rápido do gatilho, e, nessa breve iminência, um pesar confuso no medo e nada se moverá sobre a face da terra até o primeiro disparo, mas ela apenas sorrirá alto por me saber rendido e num movimento tão certo quanto lento me tomará num abraço e temerei não corresponder ao prazer que ela exige, meu corpo desconfiando da própria capacidade atormentado pelo vício de um raciocínio sem saída, quanto mais temo mais a desejo e quanto mais a desejo mais temo, um impasse que encobrirei prendendo-a pela cintura e vasculhando ofegante o espaço mínimo entre o pescoço e a orelha, no entanto, tão típico dela, disfarçando inocência, ela perceberá meu vacilo e ensaiará entre carícias um tiro certeiro, suas mãos espalmadas mandando-me longe e será suficiente para me deixar abatido sobre a cama procurando segurança no lençol, ela então sobre mim com violência, a boca num longo suspiro (um revólver fumegante encantado com a própria potência) e ela satisfeita por me ter sensível ao menor toque, e, exatamente por isso, cairá ao meu lado atormentada, os olhos fechados num ar pesado, ela derrotada por algo que entenderei como arrependimento por estar comigo e isso me emputecerá

— Nina?

ela distante não importa o quanto eu diga

— o que aconteceu?

o quão alto grite

— que porra aconteceu?

e eu gritarei num surto descabido de coragem por precisar daquele corpo que me instiga e foge

— suma, Nina

na ânsia por uma liberdade que não quero e por isso me desculpo

— perdão

e assim um silêncio que ela quebrará num desconcerto ao dizer

— sinto isto que não entendo

com um desespero que quase acreditarei, porque ela arranjará lágrimas, as mãos trêmulas cobrirão a boca e arriscarei entender isto que ela não entende como vertigem ou absurdo, não arrependimento

— isto que sinto

ela falará para ninguém

— que sinto e não suporto

mas esboçarei consolo tocado por isto que também não compreendo e ela me atacará aflita e me surpreenderá em mordidas dizendo

— por favor

e me deixarei levar pela boca em lágrimas

— por favor

que alternará palavras e beijos afoitos forjando comoção e com uma timidez sacana me mordendo os lábios

— vem e fode com paciência isto que aflora em mim

(era assim que ela beijava)

e sussurrará sem esperança

— porque não suporto gestar esta coisa morta que insiste em nascer

e assim será, posto que deste sofá ouço a chave agora na porta e sinto exasperado o ar frio do corredor que numa ansiedade me toma inteiro.

PRAGA, 11 DE NOVEMBRO DE 1919

Marcelo de Souza Pereira

Querido pai: você me perguntou recentemente por que eu afirmo ter medo de você. É estranho falar de medo quando tudo que temos é uma relação feita de troca de cartas, que chegam e partem, quase inteiramente desgarradas de seus remetentes. De qualquer forma, como você acha que eu deveria reagir depois de saber que o Sr. Samsa não é o meu pai legítimo? Quando você deflagrou essa granada, na sua penúltima carta, confesso que ao invés de me sentir enganado, o que senti foi pena do pobre homem. Dele tive pena e de você, medo. Não que o Sr. Samsa me oferecesse algum tipo de segurança ou proteção — pelo contrário —, mas ser surpreendido por uma novidade desse tipo é algo que assusta tanto quanto regozija.

Não, não temo que você vá me atingir com um spray, esmagar-me na sola do sapato ou aprisionar-me num grande copo emborcado sobre a mesa. De mais a mais, que poderio bélico efetivo poderia ter um homem de letras como você, que vive metido com seus manuscritos emendados, rasurados e abortados? A razão do meu medo é de fácil porém custosa explicação. Por isso recorro a mais uma carta, dando continuidade a essas escaramuças epistolares entre um escritor e um caixeiro-viajante.

Quando digo eu, todavia, não estou, dessa vez, honrando toda a verdade. Preciso dizer que são minhas as palavras desta carta, mas não os dedos das mãos que as lançam sobre o papel. Desconcertante ironia dispor de uns três pares de patas e com nenhuma delas poder contar para escrever uma reles carta! Minha irmã não teria se dedicado a este ato de caridade, emprestando suas mãos às minhas palavras, se eu não lhe tivesse prometido aquilo que para mim seria até bastante fácil: que, enviada a carta, eu trataria de zunir daqui, deixando finalmente a casa na paz que todos desejam.

Esmirradas que fossem, minhas antenas sempre me disseram que do sangue do Sr. Samsa eu não compartilhava nem mesmo a mais ínfima gota. E agora vem você, oriundo de estratosféricos círculos brumosos, para me aguilhoar com afirmações bombásticas e perguntas traiçoeiras. O que eu jamais poderia prever era que a antiga profusão dos meus glóbulos sanguíneos proviesse exatamente de você: de sua intangível cota espermática.

Ainda que não me lembre de você frequentando a nossa casa, meu dispositivo mnemogênico acusa imagens de minha mãe saindo sorrateiramente com uma indecifrável cesta de piquenique, indo ao encontro sabe-se lá de quê ou de quem. Uma vez, chegando de uma de minhas viagens, quase batemos de frente, na soleira da porta, tamanho o frenesi que a dominava. Mais um pouco e a cesta ia para um lado, a mala para outro, talvez até minha irmã e o Sr. Samsa acudissem, cada um vindo de seu quarto, ambos perguntando que barulho foi esse?

A janela está fechada, mas eu sei que ele está lá fora, talvez pendurado de cabeça para baixo. Capto o ultrassom que o grande sugador dispara em algum lugar, quem sabe no galho da árvore que chega perto da janela. Tudo se aquieta para que eu ouça com vagar. É, ao que parece, o meu sobrenome que o morcego chama em surdina numa labuta irrefreável samsasamsasamsasamsasamsa como as batidas de coturnos sincronizados que só eu ouço. O marca-passo dos coturnos vem se aproximando das batidas das teclas da máquina. A máquina de escrever é agora o sistema nervoso central deste quarto que ameaça se desintegrar numa grande nuvem de verdes vapores.

Numa carta você fala de falsa paternidade; na seguinte, indaga sobre meus medos. Lendo-as, em sequência, cheguei a pensar que tudo não passava de uma brincadeira de mau gosto, algo da mesma laia das histórias que você escreve. Confesso que leio todas, ainda que me seja difícil aceitá-las. Mas não é isso que está em questão. O que quero dizer é que, enredando-me em suas histórias, você inaugurou um ataque para o qual não pode haver nenhum cessar-fogo. Munido de uma cavalar dose de sarcasmo, você engendrou um conflito que servirá, obliquamente, mais para nos aproximar do que afastar. Nem preciso dizer que tudo que você me diz é submetido não a um descrédito mas a uma dúvida acachapante. Uma descoberta que fiz, entretanto, pode servir para abonar provisoriamente a história inverossímil que você contou.

Futucando, ontem, num antigo baú, achei um livro dedicado à Sra. Samsa, minha mãe. Incursionei pelo livro, que nada mais era do que a minha biografia, minhas entranhas talhadas a golpes de palavras. Varei a noite devorando frases, torcendo-as e retorcendo-as na minha câmara mastigatória, para onde também fluía a celulose que eu ia destrinchando pedacinho a pedacinho. Nesse banquete disparatado, que descia causando refinados engulhos, li a minha própria morte, anunciada ali com todas as letras. Não arrefecida a gulodice insana, devo dizer que, ao fechar a carcaça do livro, encontrei-me vítima de uma grande traição: o biografado foi o último a saber da existência da biografia e de seu biógrafo. Mas ainda faltava a sobremesa. Dentro do livro esburacado, minhas células fotoformatadoras, ajudadas pelas luzes alvissareiras da aurora, detectaram um bilhete da Sra. Samsa. Um curioso bilhete endereçado mas não enviado ao autor: você.

(Espero que você não repita o gesto de minha irmã, que acabou de deixar as teclas da máquina de escrever para me olhar com esses olhos fulminantes: agora você vai ter que dizer o resto! Até agora ela fingia que ouvia impassível.) O resto, queridíssimo pai, talvez não seja nada que você não saiba. A Sra. Samsa dizia duas coisas. Primeiro, temia que alguém viesse a descobrir o longo romance de vocês. Segundo, perguntava quando você iria escrever a continuação do livro, o qual ela tinha achado "interessante apesar de obscuro".

Meu antigo esplendor de hemoglobina deve estar, neste momento, no auge de sua transmutação num soro ralo, verdoengo, digno de uma bela cusparada. Não vou, porém, cair na besteira de perguntar por que só agora, depois de escrito o livro, você resolveu escancarar o cofre da verdade, até porque a verdade em suas mãos é mais um gesto arcano do que uma generosidade heroica. Além do mais, isso só serviria para me colocar mais ainda na defensiva, como se eu estivesse à caça de um motivo fraudulento para um medo legítimo.

Agora estamos aqui, neste quarto que em tudo me faz lembrar de férias nebulosas passadas na Floresta Negra. Eu dito e minha irmã escreve as frases forjadas quase à revelia. As paredes são quatro línguas verdes, bifurcadas, saindo da boca de um colossal lagarto. Sim, verde é a cor do medo. As pontas das línguas bifurcadas se engalfinham no ar. Pelas frinchas do tecido da cortina, vemos os bondes matutinos carregando os trabalhadores sonolentos, cujos olhos parecem se abrir um pouco mais quando margeiam a janela do quarto. A distância nem é tão pequena, mas as janelas dos bondes encaram as janelas do quarto, como um flerte persecutório de olhares que passam emoldurados.

Agora, que não me restam nem sangue nem veias, vejo-me purgado, desobrigado até mesmo de ziziar e zumbir, condenado a captar no ermo apenas os barulhos alheios. Sei que pareço estar dando voltas em torno de uma lamparina, atraído pela morbidez de sua luz calcinante, como se quisesse fugir da pergunta que ecoa no que resta do meu equipamento audiorreceptor. Mas eis que lá vem ela novamente como uma seta certeira na minha carapaça. Pois bem. Que seja breve. É essa a razão do medo: acho que você não vai ter coragem de escrever a continuação da minha biografia, condenando-me a um destino talvez mais obscuro do que interessante. Temo que você dê como definitivo o alfinete cravado até a cabeça, o ponto final com que me espetou no livro que me encarcera.

Para mim, essa seria sua mais acintosa traição. Acintosa, sim, e talvez a mais trágica.

Gregor

A SOLIDARIEDADE DOS ABALADOS
Maíra dos Santos Matthes da Costa

O gato (alguma coisa totalmente rápida) entra pela janela num salto fulminante com (pasmem) um passarinho na boca. O passarinho (coisa totalmente cinza claro de bico vermelho) parece morto por estar na boca do gato. Entretanto, o gato (coisa totalmente branca), depois de levar o passarinho (coisa cheia de saliva) para a sala, abre sua boca (com dentes afiadinhos!) e repousa sua presa (toda com sua saliva) no chão.

No chão, o passarinho se põe a mexer e a piscar seus olhos que pareciam diminuir a cada vez que ele piscava. O gato (alguma coisa totalmente quieta) o observa, mas quando ele tenta fugir lhe dá um golpe com sua enorme pata de unhas translúcidas & cortadas. Mas o gato (esperto e branco) não parece querer matar num só golpe — o que seria fácil — o passarinho, que só pia e pisca. Ele espera e se ocupa em lhe dar patadas deixando A Patada Derradeira para quando enfim chegar A Boa Oportunidade.

Uma oportunidade boa segue outra boa oportunidade que segue outra oportunidade que segue uma melhor oportunidade que espera o momento oportuno que aguarda um bom momento o qual chega enfim oportunamente na ponta das unhas translúcidas (e cortadas) do gato. Nesse mesmo instante, entretanto, chega uma Mulher (vestida de preto) andando com um peso excessivo (que parecia descer pelas suas costas e estar na iminência de derrubá-la).

A mulher, no entanto, percebe imediatamente que a oportunidade para o gato era a falta de oportunidade do passarinho – que não se mexia de modo algum nem pena nem olho nem bico. A Mulher (conduzida por Piedade & Horror) fez então o gato perder a *Grande Patada Final* afastando as pontas das suas unhas do corpo (minúsculo!) do passarinho. Imediatamente, um inquérito sobre quais eram as verdadeiras intenções do gato se instalou na mente da Mulher. Ela pensava (1) o gato tão branquinho vai comer a cabeça desse passarinho tão apenas um passarinho! (2) o gato só quer brincar, *my baby cat just wanna play (with the little bird's heart!)*. Mas, enquanto na mente da Mulher o inquérito prosseguia, um líquido estranho começou a escorrer das asas do passarinho. (Oh! Não! Ainda é preciso falar de sangue?).

Ao vê-lo, uma insatisfação fulminante dominou, *quase* instantaneamente, a Mulher (que não gostaria mais de pensar sobre Sangue/ que estava se sentindo muito sozinha/ que passara a noite com a televisão ligada mesmo sem gostar de televisão e que acreditou ouvir no meio de algum programa: 'Ó Pai, por que me abandonaste?'/ que muitas vezes acreditava que se tornara algo como uma "máquina industrial de produção avançada de miséria"), fazendo-a abandonar seu inquérito sobre (1) e (2) e pensar:

*O passarinho estaria sofrendo com a presença imi-
nente, próxima, tátil, da morte? Estaria ele se preparan-
do para algo como a 'morte'? (como saber?)* – *"Mas, meu
Deus, teria o passarinho, na sua mente de passarinho, alguma ideia de 'morte'?" Mas* veja *a situação: caso ele não
tenha a ideia de 'morte'* – *o passarinho* — *morreria, então,
sem morrer. Pois, afinal, como algo pode viver a morte sem
conceber que algo como a 'morte' exista?*

O passarinho, entretanto apenas pisca os olhos e
respira ofegante enquanto o gato (vidrado!) olha. O gato
tampouco parece se preocupar com a ideia (moribunda,
sacal) que preocupa a Mulher. Ele olha, hesita, espera (o
quê?). A Morte do Passarinho existe apenas para a Mulher
que olha e pensa, "Essa Morte é para Mim", enquanto, o
passarinho (X) libera líquidos entre sobre sob as penas.
Mas e se, aquele passarinho *ali na sua frente* (que sangra
um sangue de aves), fosse o único dentre TODOS passarinhos a morrer? Não morrer para a Mulher que *vê* e *pensa*
nisso (na morte dele *ou* na morte dela que ela carrega em
vida há anos (quantos?)), mas morrer para *si*, morrer para
si passarinho? A Mulher veria, então, a Única Morte Sua
Passarinho.

O gato (terrível predador?) começou, então, ines-
peradamente a girar, a dar voltas em torno de um ponto
X. Ele parece se cansar *ou* ter fome *ou* querer sair da sala.
O gato vira suas costas brancas e moles e se move em direção a seu pote de ração, começa a comer e, de tempos em
tempos, olha para o passarinho que, não muito distante
está... (sim!) quase decepado.

A Mulher pensa: *O gato* não *vai comer a cabeça desse passarinho quase morto, (sim! Decepado!), mas,*

ainda vivo! O gato prefere comer sua ração sabor 'Galinha e Peixe'. Esse passarinho, portanto, vai morrer (para ele? para mim?) nessa sala deixando seu sangue aqui *enquanto ele vai (para onde?) embora.* Após se virar e se pôr a andar nas suas quatro patas (terrestres, médio-aéreas), o gato, de fato, foi em direção à sua ração "Galinha e Peixe" e começou a comer, ainda olhando de tempos em tempos o passarinho (SANGUE).

Sem olhar diretamente para o gato, a Mulher mirava obstinadamente o passarinho e, pouco a pouco, começou a perceber (com que nitidez!) que morria (sim!) da morte emprestada do passarinho. Aquele finzinho de vida na sua sala fazia tudo cambalear sob um cheiro de peixe, tábua úmida de navio e ração sabor "Galinha e Peixe". Enjoo! Mortes de passarinhos têm cheiro de tábua molhada de navio! (a morte que ela morria vicariamente). Mas tudo se passava de modo quase inexistente como aquela existência que, muito devagar, também quase não mais existia.

O inconsolável, no entanto, era ver o autor da cena (o gato) não se interessar mais pelo corpo *meio* vivo *meio* morto do passarinho. Com que displicência o gato comia sua ração "Galinha e Peixe"! Em que espaço totalmente indiferente ao seu estava agora aquele conjunto de líquidos bico pata órgãos coisas daquele passarinho... O enjoo, o óleo, o navio, o mal, o fim, a exterminação. Hoje era domingo de Páscoa, e a Mulher ficou achando que estava entendendo alguma coisa muito fundamental (X) através do que estava acontecendo.

Ela *ou* cambaleava *ou* estava parada enquanto parecia esperar o... Sim! Ela esperava que o passarinho ressuscitasse! Ela desejava que isso acontecesse, não porque amava o passarinho — que não conhecia e que só amou (para falar a verdade) ao vê-lo... sim... morrer — mas para livrar-se *disso* que ocupava sua sala no domingo de Páscoa. O passarinho, todavia, apenas esperava (o quê?).

O gato (a causa de tudo?) reapareceu na sala e andou deslizando seu cheiro nas quinas das paredes, sem, no entanto, aí permanecer. Ele atravessou a sala com bastante urgência e pulou a janela (a mesma que emergira com *esse, ai!* passarinho). A passagem dele reavivou os sentidos dela, afastando-a daquela posição que agora se deu conta era "indefinida" (quanto tempo se passara?) e lhe fazendo ouvir passagens entrecortadas de uma das tantas televisões que havia pela casa. Achou que escutava a voz do papa (sim, era o mais provável, afinal hoje era Páscoa) e que ele falava coisas como "solidariedade dos abalados" *ou* "fraqueza íntima" *ou* "vencer o medo e a dúvida".

Por alguma razão não muito evidente, essas passagens soltas foram pouco a pouco criando um elo quase sentimental entre a Mulher e o passarinho quase decepado. A Mulher chegou a achar novamente que estava por um fio de entender alguma coisa muito fundamental (X) olhando *isso* que ainda havia de *vivo* no passarinho.

Foi então que emergiu a decisão final que a retirou da indeterminação *ou* cambaleio *ou* enjoo que lhe ocorria: o gato precisava morrer. Mesmo precipitadamente, a decisão se apresentava de modo tão evidente que a Mulher não achou necessária uma justificativa. A única questão era como matar aquele gato sem derramamento de sangue. A Mulher queria fazer tudo como se o mundo em volta fosse branco *ou* cúmplice. O gato (vítima indefesa?) não estava todavia em nenhum lugar. A Mulher não o chamou. Preferiu esperar (como uma judia na Páscoa?). Ninguém chegava, mas a Mulher (por quanto tempo?) esperaria.

Uma hora o gato haveria de chegar. Seria então a hora oportuna da sua morte. A Mulher apenas torceria seu pescoço, sem ao menos precisar calcular A Patada Derradeira. Ela exterminaria como um raio laminado o pescoço branco do exterminador branco de passarinhos, *agora*, logo *agora*, assim que ele chegar, antes da Páscoa acabar, antes antes antes que algo possa ressuscitar.

AS CARPAS DO TRIBUNAL

Leandro Dias Porto Batista

Caratintas, 24/04/2010

Sédulas ouvidoras que nada olvidam,

Eis-me há anos frequentando este E. Tribunal de Justiça.

Digo a custo que, muitas vezes, a torrente cotidiana me faz atravessar estas arcadas imorredouras arremetido como um aríete pela pressa, adentrando intrépido em suas entranhas repletas de varas, secretarias e turmas, alheio a tudo e a todos, apenas absorto no cumprimento de minhas pendências.

Todavia, quando o girar desta abóboda celeste me permite, paro logo na entrada de nosso Palácio de Justiça ao longo de seu circundante espelho d'água. O motivo é um só: apraz-me ver o circular das carpas.

De início, enquanto este velho olho ainda desacostuma das letras e instiga sua função primitiva, nada se encontra. Mas basta dispensar um pouco mais de atenção para entrever o primeiro frêmito na água, leve como um hálito de uma corrente telúrica, consistente apenas em um sussurro sísmico que, quando cessa sua ressonância, des-

| 81 |

vela às escancaras o dorso radioso de cor vívida, prodígio de beleza, capaz de engessar os transeuntes em fascínio à sua presença idílica.

Ali, os contornos fantasmas de jubilosos damascos, ora alaranjados, ora vermelhos, serpenteiam em um balé submerso que, para olhos destreinados, se afigura randômico, porém do qual se pode extrair um alfabeto secreto, promitente do infinito, que em muito transmite a essência desta insigne Ouvidoria.

Explico-me: assim como a carpa irresoluta enfrenta corredeiras acima para atingir sua conquista, estas estimadas ouvidoras pelejam irrefreáveis no alcance de suas metas, acrescidas, sempre, de majestosa e inquestionável graciosidade.

Porém, redijo o presente manifesto não apenas para entregar-me aos elogios deveras merecidos a essa egrégia Ouvidoria, mas para, naturalmente, relatar à guisa de reclamação e em busca de melhoras. Dito isto: *j'accuse!*

Certo dia fui vítima de uma irresignação dilacerante, como se ferido estive por horroroso açoite.

Onde estão as carpas? Nada obstante a toda atenção despendida, malgrado tenha procurado, passaram-se semanas sem qualquer cor em nosso quadrilátero aquático.

"Seja paciente", eu dizia. "As carpas não irão surgir conforme seu querer, esperemo-las", eu repetia.

A ser assim, acompanhei aquele ritmo lacustre imóvel, atendendo a minha espera, que deveria ser paciente, mas também sujeita aos sobressaltos de minha cólera.

Procurei saber notícias das carpas. Ouvi rumores

de todos os tipos: cortes de gastos; nova gestão; bactérias fatais; algo sobre um golpe estatal e etc... Contudo, nada do apregoado me convenceu.

Não havia então compreendido, até que um dia, por acidente, a trama mostrou-se nua. Agora, depois de visitar a bruma noturna, agora sei.

Tarde da noite, enquanto percorria a avenida vizinha, visualizei um vulto semicoberto pelo manto noturno. Tanto sua posição quanto sua localização se aparentaram estranhas a ponto de despertarem curiosidade suficiente para fazer-me estacionar o automóvel.

Lá estava, um homem de expressão indizível, empunhando uma vara de pescar, pronto para fisgar mais uma carpa para seu alforje de estopa úmida, volumosa e ainda viva. Um homem que, tal qual o bucéfalo anacrônico que furtou os bípedes palmípedes de Rui Barbosa, estava a profanar o recôndito desta Casa de Justiça levando seus *potamódromos* de nadadeiras multicores à sorrelfa e à socapa.

Ao inteirar-se de minha presença fez menção de dissimular seu afazer ilícito ou ocultar-se, mas como admitiu ter sido flagrado, logo juntou seus pertences, inconcebíveis ao contexto urbano, e pôs-se a correr.

Ignorando a prosopopeia do herói, com mais medo da fadiga do que do vil pescador, deixei o patife livrar-se em sua carreira bêbada e desenfreada, retardada apenas pelos volumes, porém orientada com a expertise do reincidente.

Diante de tal espantoso vilipêndio à soberania desse Alto Areópago alternativa não há senão relatar o ocorrido a esta preclara Ouvidoria, cônscio de vossa lucidez e presteza. Sereis vós quem o deve levar a termo para que se busque o saneamento dessa sangria desatada.

Uma vez que minha memória anda em falta, não consigo precisar, ao certo, as especificidades do transgressor, mas se forem amigos deste infrator de caráter eivado pela mesquinharia que busca todas carpas para si, ou pior, para seu estômago, delatai-o. Se, por algum acaso, encontrar-lhe novamente fisgando às escuras, não contemporize, vibra-lhe um golpe ribombante no alto de sua miudeza encefálica ou arremeta-lhe na água com um futebolístico chute *in posteriori parte spine dorsi*, certo de que aquele mísero gazeteiro não é movido por necessidade, e sim por esporte, sendo apenas um carrasco por natureza, cerceado pelo cenário citadino.

Todavia, caso julguem bárbaras por demais minhas solicitações, orientem os doutos gestores a redobrar a guarda à terceira potência e reforçar os piquetes para evitar o trespasse ladino, aqui delatado. É o que, desde logo, se requer.

SAPIENTIA, SALUS, STABILITAS.

Saudações, Francisco Gomes da Silva, Advogado e Conselheiro.

***

Caratintas, 12/07/2010

Ilma. Diretora da Ouvidoria, Sra. Ana Fragoso,

A peculiar reclamação anexa não pôde ser respondida por carência de elementos. Especificamente, não foi possível localizar o diretor do Setor de Conservação

Patrimonial (SPA), e ainda restou infrutífero o pedido de audiência com o gerente predial, tendo em vista que este se encontra em curso de formação. Outrossim, o pedido de análise das gravações das câmeras de segurança está sendo atendido pela Divisão de Operações da Polícia Judiciária (DeOPJ1). Contudo, até o presente momento, nada de anormal foi encontrado.

Assim, em atenção à portaria 1064/88, encaminho-lhe a reclamação física recebida pelo Setor de Reclamações Epistolares, para vossa apreciação.

Att., Fernanda Lemos, analista.

✳✳✳

Caratintas, 31/04/2011

Exmo. Sr. Corregedor Geral, Desembargador Carlos Assumpção,

A par de cumprimentá-lo pela nova comenda recebida, encaminho, em apenso, parte da extensa correspondência há pouco protocolada fisicamente, na qual o Reclamante pretende elogiar o trabalho desempenhado por esta Ouvidoria. Assim e como deve ser, compartilho com V. Exª. a vistosa carta escrita por um dos advogados mais antigos e combativos de nosso Tribunal, o Dr. Francisco Gomes da Silva.

Em tempo, ressalvo apenas que o Reclamante formula requerimentos no bojo de seu elogio, os quais, inobstante todos os esforços despendidos, se encontram além das atribuições desta Ouvidoria.

Respeitosamente, Ana Fragoso.

***

Caratintas, 11/09/2011

Anotem-se as seguintes providências:

(i) Arquive-se na folha funcional da servidora Ana Fragoso o presente elogio e publique-o nos anais da Ouvidoria, sob a regência deste Desembargador; (ii) oficie-se o Chefe de Segurança do Tribunal para que preste esclarecimentos e, desde já, reforce a vigilância; (iii) oficie-se a comissão de licitações para que, após o aval da Presidência deste Tribunal, elabore licitação para aquisição de câmeras de segurança mais modernas; (iv) oficie-se a Secretaria da Ouvidoria para intimação do Sr. Francisco Gomes da Silva acerca das providências.

Sem mais, Desembargador Corregedor Dr. Carlos Assumpção.

***

Caratintas, 17/10/2011

Exmo. Desembargador Dr. Carlos Assumpção,

Em atenção ao despacho de fls. 37, buscamos o responsável pela manutenção do espelho d'água, o Sr. José Fonseca, vulgo Zéfa. O supracitado funcionário, visivelmente surpreso, não sabemos se motivado pela comitiva que o procurou ou pelo assunto em voga, informou o seguinte: "Que desde o golpe militar de 64, não existem mais carpas no espelho d'água do Tribunal. Que, desde então, todas as carpas foram levadas para a fonte da praça Castelo Branco, no Setor Militar Urbano."

De toda forma, seguimos à disposição para quaisquer outras providências,
Major Alexandre Dutra, Chefe de Segurança.

***

Caratintas, 30/04/2012

Exmo. Dr. Desembargador Carlos Assumpção,
É com pesar que informamos Vossa Excelência de que não foi possível intimar o Dr. Francisco Gomes da Silva, conforme solicitado, porquanto este faleceu no ano passado.

Em contato com sua família, fomos informados de que o referido causídico há anos padecia severamente do Mal de Alzheimer. Debilitado, o Dr. Francisco, além de ter perdido grande parte de suas memórias, foi vítima de diversas doenças oportunistas.

Fernanda Rousseff, Secretaria de comunicações.

POESIAS

PRÊMIO OFF FLIP DE LITERATURA 2012
POESIAS

1º lugar - *Incompleta*
Maria Helena Castro Azevedo (Rio de Janeiro — RJ)

2º lugar - *Discurso*
Paulo Madureira (Campinas — SP)

3º lugar — *Falsos abraços*
Vasco Pereira de Oliveira (Sertãozinho — SP)

4º lugar — *O sonho com Bandeira*
Augusto Sérgio Bastos (Rio de Janeiro — RJ)

Finalistas
[sem ordem de classificação]

Navegante
João Chaui Junior (São Paulo — SP)

Labirinto
Arthur Tavares Corrêa Dias (Florianópolis — SC)

Anjos
José Antônio Cavalcanti (Rio de Janeiro — RJ)

A casa
Roberta Ferraz (São Paulo — SP)

Super 8
Carla Kinzo (São Paulo — SP)

Desterro
Fernanda Hamann de Oliveira (Rio de Janeiro — RJ)

Menção honrosa
[sem ordem de classificação]

Cavalo morto
Alessandro Sbampato (São Paulo — SP)

Fracasso — ou uma arte poética
Adriano Scandolara (Curitiba — PR)

Minhas sete vidas
Jorge Luiz Valente (São Paulo — SP)

Tarô de Tirésias
Escobar Nogueira (Santa Maria — RS)

Água na peneira
Odara Rufino (Boa Vista — RO)

Pé-de-céu
Antonio Lino (São Paulo — SP)

INCOMPLETA

Maria Helena Castro Azevedo

no fim vai faltar
uma frase
vai faltar uma base
uma xícara na mesa
vai faltar no fim
quem sabe
um jardim na redondeza
um item na lista imensa
vai faltar uma clareza
uma escuridão
outra solução vai faltar
o que não há
ainda e não virá
no fim vai sobrar
muita falta
após a ponta mais alta
vai faltar o ar
o que tanto queria
o que nunca podia
faltar vai faltar
tanto esforço apesar
alguma coisa vai

faltar um ai
um oi um fim
no fim vai faltar
porque é assim.

DISCURSO
Paulo Madureira

a palavra falada
dura o tempo
que o vento

volta a ser
ar
e silêncio.

FALSOS ABRAÇOS
Vasco Pereira de Oliveira

Pálpebras cerradas
aprisionam nossos silêncios.
As opiniões são fósforos riscados
e os sentimentos cinzas pelos cantos.
Não há luz: há muito não pagamos a conta.

Cultivamos nossa indiferença
com a calma de um barco
que apodrece no fundo do rio.

Somos ricos em perdas
e pobres em ruídos caseiros.
Marcamos território com miolos de pão
ressecados pela baixa umidade dos olhos.

Não há anúncios de batalha:
há silêncios e feridos
dos dois lados da muralha.

O tempo nos secou ao sol.
Continuamos como duas camisas no varal,
dependendo do vento
para ensaiar falsos abraços.

O SONHO COM BANDEIRA
Augusto Sérgio Bastos

Primeiro dia de aula,
expulso de sala.
Era aluno de Manuel Bandeira.
Ouvi a sentença, olho no olho,
delicado, mas incisivo:
— O Senhor que está de conversa,
peço que se retire.
Não estava. Recitava baixinho
para o colega ao lado um poema do mestre:
"Irene no céu", o único que sabia de cor
e 50 anos depois ainda sei.

  (Irene preta
  Irene boa
  Irene sempre de bom humor.
  Imagino Irene entrando no céu: ...)

O colega conta ao professor:
apenas declamou um poema
para uma tal de Irene.
Mal-entendido desfeito,
o poeta agradeceu e mais não disse.

Dia seguinte,
deparo com ele à porta da sala,
como se me esperasse.
Eu peço:
— Licença, meu mestre!
E Bandeira bonachão:
—Entra, menino. Você não precisa pedir licença.

NAVEGANTE

João Chaui Junior

vendo assim esse velho mundo
turvo espectral moribundo
olhar de quem muito mareia
outrora sonho firme de areia

náusea de infinitas galáxias
rotas ancestrais mil batalhas
faróis de mitos paixões carnais
cais de ritos auroras boreais

e o tecido azul que forra
essa carne que o barco deforma
cumpre a meta de tudo abarcar

logo se desfaz desse sulco
imitando o tempo insepulto
que tudo muda sem nada mudar

LABIRINTO

Arthur Tavares Corrêa Dias

Somos todos por ti, Ariadna
És a única musa de incontáveis ilhas

Mas terás que escolher um
entre todos os guerreiros

Aquele que receberá de ti
o novelo salvador

Aquele que levará de ti
a sorte transformadora

Um Labirinto para dois destinos
Quem será o escolhido?

Quem construiu o Labirinto?
Foi Dédalo, o magnífico arquiteto

Mas não importa quem o construiu
Importa quem o é

És tu, Ariadna, o Labirinto?
Para aprisionar em ti perdido o guerreiro

escolhido

É Asterion teu criado?
Que liberta os guerreiros desprezados

Sim. Este é teu mais escondido segredo, Ariadna
Agradeço aos deuses a solução deste enigma sem
  igual

Então, peço que não me entregues novelo algum
Meu desejo é não voltar

Peço que me protejas de Asterion
Não quero ser libertado

Rogo por estar perdido em ti
Único anseio deste súbito guerreiro

Esta noite sonharei com teus caminhos
Tuas portas, teus vãos, tuas muralhas...

E antes de nascer o Sol e eu abrir os olhos
quero, como única certeza, estar enfim perdido
  em ti

Anjos

José Antônio Cavalcanti

> *O último anjo derramou seu cálice no ar.*
> Murilo Mendes

Não o da melancolia de Dürer,
olhos exilados de signos,
exausto de garimpar as sílabas
de um nome nunca revelado.

Não os prosaicos e suspensos
anjos de Chagall
descascando pecados
acima do chão da cozinha.

Muito menos o de Benjamin,
de costas para o futuro
num voo pesado e obscuro.

Sequer aquele caído nas sombras
de Drummond
em torta escrita de tropeços.

Nem a criatura terrível de Rilke

de asas lavadas em ira e arrogância,
escriba e vigia de nossa sangria.

Um anjo também me assombra
só para sangrar-me.
Anjo apóstata e herege,
corrói com suas asas de inseto
caminhos e projetos.
Examina com tédio e desânimo
os índices de pânico e de esperança
depois de devastar minhas reservas.
Intrigante e pérfido,
sussurra-me conselhos obscenos,
pragas,
impropérios.

Mostra-me o seio esquerdo
e me olha envenenado,
mensageiro sem mensagens,
desertor de Deus e do homem.

Em sua última passagem, mãos entrelaçadas
e seu corpo macio colado ao meu,
a dupla inscrição de pecados
nas placas e paredes da cidade.

A CASA
Roberta Ferraz

aos meus pais

pouco pede mais que presença, uma
infância a lapidar assim pequenos
canteiros, uma agulha de respiração
leve debalde corriqueira, o hábito
de responder quando chamam pelo nome

uma casa colore o sangue
o sangue recita a casa
primeiro leite de papel e caneta
estivessem tão vivos era a sombra

no jardim aquela tocaia de arame e
cobre o samba quebrado a repetir-se
à tarde tudo era ausência consumada
muito sono, evocação de ilhas o quarto
fechado sem trancas, inviolável
mesmo à tinta

não foi o retrato de um avô suposto em sua biblioteca de veludo e brio

não foi a arquitetura tão divina quanto ilícita,
  improvável ainda, quem assinasse
corda e vazão de dizer corpo

foi a imperceptível
nervura transparente, os anos
verdes quentes do fundo
excessivas formigas
e bonecas ventríloquas
o bebê vestido de morte
os lençóis por dentro do viscoso
os ímãs que se atraíam tensos
a queda no corredor abarrotado
canções felizes e obrigatórias antes da noite
anterior à noite a canção debaixo do sonho
um sono nem terrível nem bom
sólida canção como uma máscara antiga

vulto quase indício
sem promessa ou linhagem
de uma *via escrita*, os restos
do uso da casa:
sonora plástica fornalha
de um pão provável
como impossível
escolha

SUPER 8
Carla Kinzo

Você me olha pelo filme. Tão
longe a tarde, tão perto o tempo
— era branca a cor da sua boia?

Sua mãe segura sua perna
engessada na piscina, você
toca a água com as mãos. Seu pai no

fundo passa, não ouço o que ele
fala — a lente se aproxima do seu
rosto, que agora se volta para

a água; ela, que dissolveria
o seu gesso, a forma que seu
pé precisaria pra pisar.

Você me olha, paciente, aos
três anos e diz, te espero, não é
já que vou me atirar n'água.

DESTERRO
Fernanda Hamann de Oliveira

Perdido no meio da palavra lingüística
restava um trema inconformado.
Negava o destino de seus semelhantes,
injustamente exilados,
restritos às línguas de terras longínquas.
Queria viver ali mesmo,
naquele **u** habitual,
chovendo dois pingos de som
sobre a curva da letra amiga,
ávida por ser toda lida.

Tomou raiva dos homens
que inventam uma escrita
para depois desinventar,
na arrogância de simplificar o mundo.
E se atirou no vazio entre as palavras,
tramando tramoias em punição
contra aqueles que o degredaram
das gramáticas, dos dicionários,
das cartilhas de alfabetização.

Mas ao se notar isolado,

o revoltoso cedeu enfim:
verteu um par de lágrimas negras
perfeitamente simétricas
e partiu, preocupado,
temendo ser apagado
pelo monstro devorador de erros
atrás da luz do computador.

Foi morar num bilhete de amor amarelado,
guardado no fundo de uma gaveta esquecida,
onde se apaixonou pelo circunflexo de uma flôr.

CAVALO MORTO

Alessandro Sbampato

Cavalo morto
que desce o rio;
anuncia assim,
lerdo e sem alarde
o enfim da tarde.
O ar de enxofre
envolve e acolhe
o molhe de carne
já desencarnado:
fratura exposta,
posta de lado,
a exata medida
da tua estrutura,
tua compostura
ora decomposta,
tua musculatura
de servidão,
teu cortejo aberto
à visitação,
teu quase ócio,
teu vão trajeto;
negro objeto

boiando, indiscreto,
à luz do equinócio.
Cavalo morto,
já não se vejam
teus dentes belos
(embora amarelos),
teus olhos baços,
teus largos passos,
tua força de carga,
a larga ossatura
do teu passado.
Deus te proteja,
embora seja,
para quem olhe,
dura tua sina
de cavalgadura,
findo teu fado
de potro empinado,
triste tua vida
que já não existe
(campo de feno
que jamais viste),
límpida ilha que
se traslada,
antes sozinha
do que acompanhada.
Na água sem vida,
sem alma nela,
água não água,
água ex-água
(só salmonela),

água sem água,
dorso sem sela,
vela sem porto,
corpo sem horto:
tolo destino
de cavalo morto.
Mostra aos passantes
de agora e antes,
da montante à foz,
teu percurso atroz,
teu ventre quente
do sol poente,
teu dorso frio
do morto rio,
tuas patas duras
sem ferraduras,
tua crina nobre,
ora sem vento.
Nessa rima pobre,
ora se obre
teu esquecimento.
Navega teu barco,
no ar colorido
da Penha à Lapa,
teu curso sem mapa,
tua barriga prenha,
sem descendência,
de gás formada,
de morte inflada,
tua indecência
mole e rosada,

tua dignidade
quase indignada,
na lâmina suja
que espelha a cidade.
Segue indiferente,
sob o céu tão claro,
teu velório avaro:
sem cerimônia
nem protocolo,
sem ter espaço
de seu sob o solo,
sem carpideira
em voz monocórdia
a chorar teu nome.
(Ó, misericórdia
aos que morrem
sem nome.)
Sem alegria
nem alegoria,
comunica ao mundo
que termina o dia.
Dorme enfim teu sono
de amor e abandono,
colocado ao lado
das coisas sem dono,
de lixo e sucata,
de lata e pneu.
De lama teu leito,
de óleo a saliva.
Antes tu fosses
um bote à deriva.

Antes teu corpo
do que fosse o meu.

Fracasso

OU UMA ARTE POÉTICA
Adriano Scandolara

Try again. Fail again. Fail better.
Samuel Beckett

para Paulo Henriques Britto

Cabe uma vida inteira num soneto
ou assim pensam, planejando a rima
a construção de si mesmo, obra-prima
as boas escolhas, bom nascimento

basta uma voz pra estragar o coreto
amarga em choro, que desafina
(a alvenaria desaba
            num tijolo podre)
nunca ter sonhado
            com este emprego
esta espelunca

museu   que   expõe   só   esculturas   tortas   com

rachaduras
a chave caiu na rua e o caminhão
    passou por cima

tentar traçar um rumo certo
entre caminhos que surgem, somem no deserto
um olho chora, o outro, a esmo
                revê os planos

é tarde, já era
terá que ser assim mesmo agora.

Minhas sete vidas
Jorge Luiz Valente

Na minha primeira vida,
eu fui um soldado.
Cantil e coturno,
fuzil carregado,
sou forte, sou bravo,
atiro e me agacho,
avanço e me esquivo,
me escondo e me arrasto,
conquisto as fronteiras,
explodo as trincheiras,
empunho a corneta,
navego blindados,
disparo petardos,
carrego a bandeira,
e a finco na terra
do meu inimigo.

Na minha segunda vida,
cansado da luta,
não quis mais morrer
no brim verde-oliva,
e fui um prelado.

Plantei mil igrejas,
guiei as ovelhas
por vales sombrios,
cavernas, penhascos,
e rios gelados.
Salvei pecadores,
clamei ao Senhor,
me fiz um pastor
de reis e plebeus,
acima de tudo,
fui servo de Deus.

Na minha terceira vida,
cansado de orar,
não quis o refúgio sagrado do altar,
e fui um artista.
Pintei as colunas, as vigas, os muros,
tracei com meu lápis
as curvas do mundo.
Aquela senhora
não é mais formosa
na minha aquarela?
As nuvens, os pássaros,
as fontes, regatos,
não há no planeta
um tigre que salte
tão ágil que escape
à minha palheta.

Na minha quarta vida,
cansado de olhar,

eu fui anarquista.
Gritei dos balcões,
virei camburões,
chutei os portões,
xinguei os fascistas.
chamei para a briga
os cem valentões
do morro da bica.
Dei uma escarrada
na cara amarrada
do governador.
Fui preso chutando
a santa que era
levada no andor.

Na minha quinta vida,
cansado do cárcere,
eu fui do bel canto
altivo senhor.
Cantei em arenas,
vistosos teatros,
as árias que podem
a voz de um tenor.
Cantei nas igrejas,
nos paços, nas praças,
cantei para os ímpios,
cantei para o papa,
cantei para as musas,
as mulas, as vacas.
Cantei como Milton
em noite de graça.

Na minha sexta vida,
cansado dos palcos,
saí dos letreiros,
e fui um bombeiro.
Entrei num incêndio,
lutei com as chamas,
salvei Epifânia, Lucrécia,
Eugênio,
fui homem-aranha
subindo em montanhas,
de aço e concreto,
com vidros no meio.
Medalha no peito,
bandeira hasteada,
a voz embargada,
herói brasileiro.

Na minha sétima vida,
cansado do fogo,
saí da brigada,
fiquei mais letrado,
falei empolado,
e meio arrotado,
só fiz o mandado,
o que foi pautado,
depois exigido,
um crime, um cisne,
um corpo no asfalto.
E já não lutei, e já não orei,
e já não criei, e já não xinguei,
e já não cantei, ninguém eu salvei.

Eu só me sentei pra escrever a notícia,
porque — tão cansado — eu fui jornalista.

Tarô de Tirésias
Escobar Nogueira

Como se fosse meio cego,
lequeando o baralho,
Nego Vlade lê seu jogo.
Sua cara cartografa as cartas,
sua tristeza é não ter um coringa
para formar uma sequência,
para completar uma trinca.

Niko solta um sete de copas
e chora estar para o amor.
Só na próxima volta,
como se noutra vida,
poderá cavar seu ouro.

Andrei se desarma,
descarta um valete de espadas
e deixa na mesa a mão decepada.
Alguém tem sua dama.
Nego Vlade finge força,
a carta parece de pedra.
Seu braço, um guindaste,
desvira e descarrega

um rei de paus que não presta.

Não me serve o naipe.
O rei parece o Dostoiévski.
Tenho a impressão,
ligeira,
de que estamos numa prisão,
na Sibéria.
Como se eu fosse meio cego.

ÁGUA NA PENEIRA
Odara Rufino

Essa peneira já foi rede
nas madrugadas em que eu quis me embalar.
Já foi silêncio que não queria se calar,
já filtrou o mar para saciar a minha sede.

Essa peneira já virou roda,
pneu de carro e bambolê,
já virou cacto no sertão da rosa,
virou até uma antena parabólica de TV.

Essa peneira já virou céu
nas vontades de querer voar.
Essa peneira já foi o universo
coando a constelação
e me servindo café de estrelas.

Já foi meu biquíni nos dias de verão,
minha fogueira nas noites de lua e viola.
Essa peneira me acompanhou na estrada,
foi minha sandália, prato, copo, corpo, navalha.

Essa peneira já foi mágica,
sempre iludindo os passos,

fazendo truques nos compassos,
tirando o espaço da cartola
e transformando o mundo em criança.

Essa peneira foi minha infância,
meu jogo de arame farpado.
Enquanto os meninos e as meninas
brincavam com carrinho ou boneca de plástico
  sem vida,
eu brincava de achar vida na minha peneira.

PÉ-DE-CÉU
Antonio Lino

Sobre a metrópole,
nem tudo que voa
tem turbina no sovaco

Assim era um par de asas
fazendo folias na fuligem

O cinza ria
que até corava mais pra azul

(A profissão daquele passarinho
era esnobar gaiolas)

Tanto vai-e-volta
fez inveja num imóvel

Poleiro de gentes,
o condomínio pontiagudo
se arquitetou como vingança...

Por sua rota rotineira,
os pinotes do passarinho
tiravam o ar do vento

Foi quando o céu empedrou:
num supetão de arapuca,
onde eu moro deu uma janelada
bem na testa do passarinho

(Certas transparências
são impróprias pra voar)

Encontrei-o tarde, já rijo e frio:
minha janela *envidreceu* o passarinho

A duras penas, o *esnobador* de gaiolas
aprendeu a nunca mais decolar

Seu epitáfio quem dirá é o chão:

Onde eu plantei o passarinho
vai crescer um pé-de-céu
pra gente chupar liberdades.

Notas Biográficas - Contistas

Anchieta Rocha nasceu em Pitangui e mora em Viçosa, também em Minas Gerais. É formado em Letras pela PUC-BH. Tem publicações em antologias e sites literários. Em breve, seu romance *Dias de vinho e de chumbo* será lançado pela Editora Jaguatirica Digital.

Augusto César de Macedo Neto, em São Paulo (SP). E formou-se em Medicina. Amante de literatura, cinema, teatro e música, escreve desde a infância, agora com o sonho da escrita profissional.

Iamni Reche Bezerra cursa graduação em Letras (bacharelado em Estudos da Tradução) pela UFPR. É pesquisadora no projeto de Iniciação Científica sobre a obra de Orides Fontela, sob orientação do professor Dr. Waltencir Alves de Oliveira. Participa do Curitiba Lê, projeto da Fundação Cultural de Curitiba que visa o incentivo à literatura a partir de ações de mediação de leitura.

João Paulo Vaz é engenheiro eletrônico e mestre em Ciência da Computação, com pós-graduação *lato sensu* em Filosofia Contemporânea. Publicou três livros de contos: *Sete estações* (2003), *A mão do chefe* (Prêmio

Mario Quintana em 2004) e *Sexmaster 5 e outras histórias* (2008). Primeiro colocado no Prêmio Josué Guimarães em 2005 e no Prêmio Off Flip em 2010, entre outros prêmios. (www.joaopaulovaz.com.br).

Julia Baranski é paulistana, cursa o quinto ano da Faculdade de Direito da USP e é estagiária da Defensoria Pública do Estado de São Paulo. Durante o primeiro semestre de 2011 esteve em Portugal estudando na Faculdade de Letras da Universidade de Coimbra e a partir desta experiência escreveu o conto "Oração", classificado entre os finalistas do Prêmio OFF FLIP em 2011, até então seu primeiro êxito em concursos literários.

Leandro Dias Porto Batista é contista quando saudoso, ensaísta quando sozinho, fabulista quando sóbrio, e, tão arcaico quanto tudo que é novo, nasceu em Brasília, mas seu coração e seus anseios, bem como todos os romances que ainda não escreveu, repousam às margens do Rio Dourado, na pacata aquilatada Abadia dos Dourados/MG. O conto "As carpas do tribunal" é uma história que surgiu de outras histórias que contou e ouviu de seu íntimo contato, porquanto advogado, do dia a dia e, sobretudo, dos bastidores dos tribunais.

Maíra dos Santos Matthes da Costa é mineira de Mariana (MG), mestre em Filosofia pela PUC-RIO. Seu conto "As pedras invisíveis" foi publicado na Germina Revista de Literatura e o intitulado "Bárbaras nuvens" foi premiado no 6º Concurso Literário de Suzano e publicado na Revista Trajetórias Literárias. Escreve no blog: "o peso das bolhas sem sabão" e é professora substituta de filosofia na UERJ e no CAp UFRJ.

Marcelo de Souza Pereira é pesquisador na área de Literatura Comparada. Trabalha no Museu da República, no Rio de Janeiro, cidade onde nasceu em 1970.

Mariana Salomão Carrara, paulistana, é Defensora Pública do Estado de São Paulo desde 2011. Publicou um romance escrito aos 17 Anos (*Idílico* - Edições Inteligentes) em pequena tiragem e foi finalista do Prêmio Nascente com o Livro *Fadas e copos num canto da casa* (romance ainda inédito). Tem contos publicados em revistas acadêmicas e coletâneas e seus textos curtos alimentam periodicamente o blog <www.marianacarrara. blogspot.com>.

Maurício de Almeida é autor de *Beijando dentes* (Record), livro de contos vencedor do Prêmio Sesc de literatura 2007. Foi um dos contistas vencedores do Prêmio OFF FLIP de Literatura em 2007.

Rodrigo Lage Leite nasceu em Anápolis (GO). Formou-se na Faculdade de Medicina da UFG e em 2001 mudou-se para São Paulo. É psiquiatra pelo Instituto de Psiquiatria — FM-USP e membro da Sociedade Brasileira de Psicanálise de São Paulo. É autor de contos e de textos para teatro.

Ronaldo Cagiano nasceu em Cataguases (MG) e viveu 28 anos em Brasília, onde formou-se em Direito. Mora em São Paulo desde 2007. Publicou entre outros títulos *Palavra engajada* (poesia, 1989), *Colheita amarga & outras angústias* (poesia, 1990), *Exílio* (poesia, 1990), *Espelho, espelho meu* (infantojuvenil, em parceria com Joilson Portocalvo, 2000), *Dezembro indigesto* (contos — prêmio Bolsa Brasília de Produção Literária 2001), *Dicionário de pequenas solidões* (contos, 2006), *O sol nas feridas* (poesia, 2011) e *Moenda de silêncios*, em parceria com Whisner Fraga (novela, 2012)

Vanessa Maranha é psicóloga e jornalista e mora em Franca (SP). É pós-graduada em Psicanálise. Foi colunista do Jornal do Comércio e da revista de literatura luso-brasileira Pessoa. Foi uma das contistas vencedoras do Prêmio OFF FLIP em 2012. Participou das Oficinas Literárias da FLIP em 2010 e 2011 e da antologia do Prêmio SESC de Contos Machado de Assis em 2010. Venceu em 2004 o concurso de contos da Universidade Federal de São João Del Rei (MG). Em 2005 teve um conto publicado no livro *+30 mulheres que estão fazendo a nova literatura brasileira*, organizado por Luiz Ruffato e editado pela Record. Foi finalista no Prêmio Guimarães Rosa da Radio France Internationale em 2001. Venceu o concurso de contos Realismo Fantástico 'Locos de Atar' na Argentina em 1999. Acaba de publicar, pela Editora Multifoco, o livro de contos *Oitocentos e sete dias*.

Notas Biográficas - Poetas

Adriano Scandolara nasceu em Curitiba (PR), é poeta e tradutor. Formado e mestrando em Letras pela Universidade Federal do Paraná, pesquisa e traduz a poesia de Percy Bysshe Shelley. Publicou poemas em revistas como a *Babel Poética, Germina Literatura, Mallarmargens, 7faces, Um Conto*, e publicou recentemente seu primeiro livro, intitulado *Lira de lixo*, pela editora Patuá, de São Paulo. Contribui com poemas, traduções e comentários críticos para o blog coletivo <www.escamandro.wordpress.com>.

Alessandro Sbampato é arquiteto urbanista formado pela FAUUSP e atua em arquitetura e design em escritório próprio. Paralelamente, é artista plástico, ilustrador e desenhista. Obliquamente, é *ghost-writer* e redator. Transversalmente, desenvolve pesquisa acadêmica sobre o tema Arte, Corpo e Cidade. Mora em São Paulo (SP).

Antonio Lino é escritor e documentarista. Autor de *Encaramujado* (2011), livro de crônicas sobre os quinze meses em que morou numa Kombi, viajando pelo Brasil. Entre 2009 e 2010, viveu por dez meses na África, onde produziu e dirigiu uma série de curtas-metragens

sobre a guerra civil na Libéria. De volta ao Brasil, codi-
rigiu o documentário "A Sandália de Lampião", sobre a
história do Mestre Espedito Seleiro e o contexto do arte-
sanato em couro na região do Cariri (CE). O filme foi um
dos quinze premiados no III Etnodoc, edital promovido
pelo Museu do Folclore Edison Carneiro e patrocinado
pela Petrobras.

Arthur Tavares Corrêa Dias mora em Palmas
(PR). Nasceu em Niterói (RJ) e viveu na cidade do Rio de
Janeiro até completar a faculdade de Medicina. Durante
seis anos trabalhou como médico de família na comuni-
dade da Costa da Lagoa (SC). Escreveu seus primeiros
textos ainda muito menino e seu primeiro poema aos
quatorze anos. A partir daí não parou mais de rabiscar
cadernos que gostava de comprar.

Augusto Sérgio Bastos nasceu no Rio de Janeiro.
Membro das comissões editoriais dos jornais de literatura *Poesia Viva* e *Panorama* (RJ). Coordenador da Oficina
de Poesia da Casa das Palmeiras (RJ). Publicou os livros
de poemas *O branco improvável* (2002) e *À luz da estante*
(2010) pela Editora UAPÊ (RJ); *Melhores crônicas de Ferreira Gullar* (organização, seleção e prefácio) pela Global
Editora (2004); *Poesia completa, teatro e prosa de Ferreira
Gullar* (em colaboração com o organizador Antonio Carlos Secchin) pela Nova Aguilar (2008); *Raimundo Correia*
(biografia) pela ABL (2010). Seus poemas e contos figu-
ram em 62 antologias.

Carla Kinzo é formada em Cinema pela ECA/

USP e em Letras pela FFLCH/ USP, é mestranda no Programa de Pós-graduação de Estudos Comparados de Literaturas de Língua Portuguesa na FFLCH/USP. Publicou o livro de poemas *Matéria* (7Letras, 2012), ao lado de Caetano Gotardo e Marco Dutra, com apoio do ProAC de Primeira Publicação de Livro. Foi contemplada pelo ProAC de Criação Literária para desenvolver o romance *Autópsia*. Atriz formada pelo Teatro Escola Célia Helena, integra a Companhia Auto-Retrato desde 2008.

Escobar Nogueira nasceu em Fortaleza dos Valos (RS) e reside em Santa Maria (RS). Professor de literatura Brasileira e poeta, publicou *Gotas de amor* (1989), *O Casulo da solidão* (1990), *O meu primeiro milagre* (Prêmio Instituto Internacional da Poesia - 1994), *Arame farpado* (1999), *Milongol* (2003 - Indicado ao Prêmio Açorianos de Literatura), *Curta-metragem* (2006) e *Pejuçara* (2009 - Indicado ao Prêmio Açorianos de Literatura). Recebeu menção honrosa no Prêmio OFF FLIP em 2008. O trabalho do autor pode ser visualizado em seu site (www. professorescobar.com.br).

Fernanda Hamann de Oliveira é psicóloga, jornalista e presta serviços de redação, revisão e pesquisa para importantes editoras cariocas. Escreveu três livros não ficcionais por encomenda: *10 anos de moda — Rio de Janeiro* (SENAI Moda e Design, 2012), *Cultura orgânica* (2010) e *Engenharia invisível* (2008). No campo da psicanálise, publicou vários artigos em periódicos especializados e organizou a coletânea *Proadolescer: Pesquisa e clínica com adolescentes na rede de saúde mental* (2013).

Atualmente, cursa o doutorado no Programa de Pós-Graduação em Teoria Psicanalítica da UFRJ e mantém seu consultório particular no Rio de Janeiro.

João Chaui Junior nasceu em ilhéus (BA) e mora em São Paulo desde 1990. Cursou Comunicação Social na FAAP, onde concluiu o curso de Rádio e TV em 1998. Trabalha em televisão desde 1996. Escreveu roteiros de programas de TV e de vídeos. Trabalha com produção de audiovisual e cursa Letras na USP.

Jorge Luiz Valente é formado em Comunicação Social/Jornalismo pela PUC-RJ. Especialização: Broadcasting — Bergen County College, Nova Jersey. Ganhador do prêmio "Reportagem de TV" para o Câmera Record, escolhido pelo Conselho Regional de Odontologia de São Paulo, 2013. Editor da TV Record, 2006-2013. Participação na "Nossa história, nossos autores", antologia organizada pela editora Scortecci, 2012. Ganhador do Prêmio Esso de Telejornalismo, pela edição da reportagem "Dossiê Roraima — Pedofilia no poder", 2008. Editor da TV Bandeirantes, 2000-2004. Repórter da TV Record, 2000. Correspondente do jornal O Globo e da TV Manchete, em Nova York, 1989-1991. Repórter da TV Bandeirantes, 1986-1989. Redator do Serpro, 1984- 1986.

José Antônio Cavalcanti é carioca e professor do Colégio Pedro II, ensaísta, contista e poeta. Cursou mestrado sobre a poesia de Cacaso, na UFRJ. Tese defendida também na UFRJ, transformada no livro *Palavra desmedida — a prosa ficcional de Hilda Hilst*, a ser lançado pela

Editora Annablume. Dois livros inéditos: *Anarquipélago* (poemas) e *Fora de forma & outros foras* (contos). Poemas e textos em prosa publicados em Mallarmargens, Germina, Eutomia, Cronópios, Arraia PajéurBR, Cult, Periódico de Poesía (MX), entre outros espaços relevantes. Publica seus textos em <htttp://caosgraphia.blogspot.com>.

Maria Helena Castro Azevedo é carioca de nascimento e moradia, deu por si na vida lutando contra a ditadura, anos 70, daí tornou-se professora de História, depois Mestre e Doutora em Literatura, anos 80-90. Em 2002 publicou o livro *Um senhor modernista — biografia de Graça Aranha*, pela ABL. Em 2008, pela editora 7Letras, publicou seu primeiro livro de poemas, *Uma hora por dia*, que esteve entre os indicados ao Prêmio Jabuti 2009.

Odara Rufino nasceu em Boa Vista (RR), filha do poeta Eliakin Rufino. É estudante do 3º ano do Ensino Médio na Escola Estadual Ayrton Senna da Silva. Herdou de seu pai o DNA da poesia e escreve desde a infância. Já ganhou prêmios literários e em 2008 ganhou o prêmio nacional de ilustração da revista Ciência Hoje das Crianças, da SBPC. Em 2011, com 15 anos, lançou o seu primeiro livro de poemas - *Rede do sonho*.

Paulo Madureira é médico e professor universitário de Departamento de Saúde Pública da FCM-Unicamp. Publicou em 2002 o livro de poemas *o eu e os nós* pela editora Hucitec e em 2006 lançou uma coletânea de poemas chamada *palavras precisas* na forma de banners.

Já teve poemas contemplados em outros concursos e publicados em revistas, como a revista de cultura do Cremesp e do Conselho Federal de Medicina e a revista de literatura Cult.

Roberta Ferraz é formada em Letras e História e Mestre em Literatura Portuguesa (USP/2008) e doutoranda em Literatura Portuguesa (USP). Autora dos livros *lacrimatórios, enócoas* (2009, Oficina Raquel); *Dioniso e Ariadne* (2010, edição da autora); *fio, fenda, falésia* (2010, edição das autoras), escrito em parceria com Érica Zíngano e Renata Huber, com apoio do ProAc/SP; e também, do livro *desfiladeiro* (2011, Oficina Raquel). Mantém o blog <www.eleusiana.blogspot.com>.

Vasco Pereira de Oliveira nasceu em Jardinópolis (SP) e passou a infância na zona rural. Fez carreira em um grande banco. Após se aposentar pôde se dedicar com mais tempo à leitura e escrita, então publicou cinco livros (três de poemas e dois de crônicas). Reside em Sertãozinho (SP) onde colabora com um jornal local escrevendo crônicas semanais. Ocupa a cadeira número um da Academia Sertanezina de Letras, que tem como patrono Carlos Drummond de Andrade. Recebeu menção honrosa no Prêmio OFF FLIP em 2010 e prêmios literários em várias edições da Feira do Livro de Ribeirão Preto.

NOTAS BIOGRÁFICAS - COMISSÃO JULGADORA

Antonio Carlos Secchin nasceu no Rio de Janeiro. É poeta, crítico, professor titular de literatura brasileira da UFRJ e, desde 2004, membro da Academia Brasileira de Letras. Publicou sete livros, entre os quais *Poesia e desordem* (1996) e *João Cabral: a poesia do menos* (1985), este último ganhador do Concurso Nacional de Ensaios (INL/MEC) e do Prêmio Sílvio Romero. Ensinou nas universidades de Bordeaux (1975-1979), Roma (1985), Rennes (1991), Mérida (1999), Nápoles (2007) e Paris Sorbonne (2009).

Astrid Cabral, poetisa e contista, professora e tradutora, nasceu em Manaus e reside no Rio de Janeiro. Cursou Letras Neolatinas na Faculdade Nacional de Filosofia (atual UFRJ). Foi professora da Universidade de Brasília e lecionou língua e literatura norte-americana no Instituto Brasil-Estados Unidos. Foi oficial da chancelaria do Ministério das Relações Exteriores. Sua estreia literária aconteceu em 1963, com a publicação do livro de contos *Alameda*. Detentora de importantes prêmios literários, figura em mais de quarenta antologias no Brasil e no exterior e colabora em jornais e revistas especializadas. Foi fundadora da Associação Nacional dos Escritores de Brasília e integra o PEN CLUBE do Brasil.

Chacal (Ricardo de Carvalho Duarte) nasceu no Rio de Janeiro e publicou em 1971 seu livro de estreia: *Muito prazer, Ricardo*, feito com mimeógrafo. Expoente da chamada poesia marginal, ao lado de escritores como Francisco Alvim e Cacaso, teve textos nas históricas publicações 26 poetas hoje, de Heloisa Buarque de Hollanda, e *Navilouca*, de Waly Salomão e Torquato Neto. Escreveu teatro para o grupo Asdrúbal Trouxe o Trombone, crônicas para o *Jornal do Brasil* e *Folha de S. Paulo*, roteiros na TV Globo e dezenas de letras de música. Autor de mais de dez livros de poemas, lançou recentemente a coletânea *Belvedere*.

Flávio Carneiro nasceu em Goiânia e mudou-se para o Rio de Janeiro no início dos anos 80. Publicou 13 livros (romances, contos, ensaios) e escreveu dois roteiros para cinema. Pela Rocco, sua atual editora, teve lançados *O leitor fingido, O campeonato, A confissão, Passe de letra, No país do presente, A ilha* e *Da matriz ao beco e depois*. Ganhou vários prêmios literários, dentre eles dois concedidos pela FNLIJ.

Marcelo Moutinho nasceu no Rio de Janeiro. É autor dos livros de contos *Memória dos barcos* (7Letras, 2001) e *Somos todos iguais nesta noite* (Rocco, 2006). Organizou a coletânea de ensaios *Canções do Rio — A cidade em letra e música* (Casa da Palavra, 2010), além das antologias *Prosas cariocas — Uma nova cartografia do Rio*

(Casa da Palavra, 2004) *Contos sobre tela* (Pinakotheke, 2005) e *Dicionário Amoroso da Língua Portuguesa* (Casa da Palavra, 2009), das quais é também coautor.

Ovídio Poli Junior é graduado em Filosofia (USP) e doutor em Literatura Brasileira (USP). Como escritor, foi um dos finalistas do Prêmio Guimarães Rosa/ RFI (Paris) e teve destaque em importantes prêmios literários brasileiros: Paranavaí (2002), FLIPORTO (2005), Paulo Leminski (2002 e 2005), Luiz Vilela (2005), Unicamp 40 anos (2006), Newton Sampaio (2006). Nascido em Campinas (SP), residiu na capital paulista e em 2005 passou a morar em Paraty (RJ). Organiza desde 2006 a programação literária da OFF FLIP e idealizou o Prêmio OFF FLIP de Literatura. É editor do Selo OFF FLIP e ministra cursos e oficinas de criação literária. Publicou a narrativa satírica *O caso do cavalo probo* (2006), o livro de contos *Sobre homens & bestas* (2007) e a narrativa infantil *A rebelião dos peixes* (2011).

CRÉDITOS E PARCEIROS DO PRÊMIO OFF FLIP DE LITERATURA [2012]

Realização
OFF FLIP
Selo Off Flip Editora

Equipe Prêmio OFF FLIP
Maria Luiza de Faria
Marilia van Boekel Cheola
Nanda Dias
Olga Yamashiro
Ovídio Poli Junior

Organização e curadoria
Olga Yamashiro
Ovídio Poli Junior

Parceiros
Associação Casa Azul
Biblioteca Municipal Fabio Villaboim
Grupo Editorial Record
Hotel Canoas
Instituto Histórico e Artístico de Paraty

KBR
Pousada Cicerone
Pousada Guaraná
Pousada Sol Nascente
Pousada Tropical
SESC
Velejador Hotel

Agradecimentos
Flávia Tebaldi Queiroz
Luis Vassallo
Márcia Leite
Maria José S. Rameck

Agradecimento especial
aos escritores que integraram a comissão
  julgadora

Esta obra foi composta em Minion 11/13,1.
Impressa com miolo em offset 75g e capa em
cartão 250g, por Createspace/ Amazon.